U0935882

警务技能训练教程

JINGWU JINENG XUNLIAN JIAOCHENG

武器篇

郑志坚 / 编著

厦门大学出版社
XIAMEN UNIVERSITY PRESS
国家一级出版社
全国百佳图书出版单位

图书在版编目（CIP）数据

警务技能训练教程：武器篇 / 郑志坚编著. -- 厦门 ：厦门大学出版社，2019.8(2024.1 重印)

ISBN 978-7-5615-7458-4

Ⅰ. ①警… Ⅱ. ①郑… Ⅲ. ①警察-训练-中国-教材 Ⅳ. ①D631.15

中国版本图书馆CIP数据核字(2019)第171489号

责任编辑 陈进才
封面设计 蒋卓群
技术编辑 许克华

出版发行 厦门大学出版社
社　　址 厦门市软件园二期望海路 39 号
邮政编码 361008
总　　机 0592-2181111 0592-2181406(传真)
营销中心 0592-2184458 0592-2181365
网　　址 http://www.xmupress.com
邮　　箱 xmup@xmupress.com
印　　刷 厦门市竞成印刷有限公司

开本 787 mm×1 092 mm 1/16
印张 10
字数 210 千字
印数 4 001～6 000 册
版次 2019 年 8 月第 1 版
印次 2024 年 1 月第 3 次印刷
定价 35.00 元

厦门大学出版社
微信二维码

厦门大学出版社
微博二维码

前言

近年来，随着国家改革开放事业的不断深入和社会经济的迅速发展，公安机关面临难得的发展机遇的同时，也面临着严峻复杂的形势挑战。尤其是犯罪的暴力化、恶性化程度加剧，公安民警的执法环境愈发恶劣，民警在执法过程中遭受生命安全的威胁也愈发严重。严峻的执法环境急需提升民警在执法战斗中的自我保护能力。为贯彻落实习近平总书记在全国公安工作会议上提出的努力打造“四个铁一般”（即：铁一般的理想信念、铁一般的责任担当、铁一般的过硬本领、铁一般的纪律作风）公安队伍的总体要求，公安部党委向全国公安机关和广大一线民警提出了大力开展警务实战技能专项训练的要求，特别强调基层一线民警应强化实战意识，提高实战本领。

习近平总书记所作的党的二十大报告，站在关键在党、关键在人的角度，提出“建设堪当民族复兴重任的高素质干部队伍”的重大任务，警务实战技能教学与训练的工作成效，直接关系到公安机关能否充分发挥职能作用，直接关系到公安队伍能否成为一支堪当民族复兴重任的高素质干部队伍，维护社会政治稳定和治安稳定，保卫改革开放和现代化建设的顺利进行。警务实战技能中，武器使用是民警在执法过程中最高级别的武力使用手段，也是在最危急时刻确保自己达成任务的一项必备的实战技能。武器的使用也能起到在执法中提高对犯罪分子的震慑力，强化稳定社会治安的作用。作为为一线培养基层民警的公安院校开设武器使用课程成为一种需要，如何让基层一线民警“会用枪、敢用枪、用好枪”也就成为公安院校承担警务实战课程教学教员的一门研究的课题。

党的二十大报告对办好人民满意的教育作出新的重大部署，我们必须要采取更加有力的举措，把党的二十大报告提出的各项任务落实到实处，各级各类教育要适应人民期盼和发展需求，巩固提升普及水平，更加注重高质量发展。长期以来，由于我们国家地域辽阔，生产发展不平衡及枪支的配备使用情况不尽相同，公安部始终未能有统一的武器使用课程的教程,在全国公安院校中也鲜有独立的与武器使用课程相关的教程,严重影响到了人民警察武器使用教学的质量,对警察队伍警务技能的普及和提高都产生了一定影响。福建警察学院自从开设武器使用课程以来,尤其在近20年的大胆摸索过程中,逐渐形成了自己的一套较为完善的武器使用教学模式。根据技能形成的规律要求,采用了两周时间的"模块教学"训练方式,从最基础的射击动作教学入手,结合射击训练的规律,本着"一切从实战出发""练为战"的实际需求出发,设计了四个循环渐进的射击训练科目,把基础射击与实战需求的应用射击进行有机结合,并通过不断总结开发出了操枪规范训练这一环节,有效提升了枪支在使用过程中的安全性,为基层民警"会用枪、敢用枪、用好枪"打下了坚实基础。为了能更好地加强武器使用课程的教学效果,配合现有的武器使用教学模式,笔者在《警务技能基础训练教程》的基础上编写了单列的武器使用训练教程。该教程在充分吸收原有《警务技能基础训练教程》中有关武器使用教程的基础上对武器使用的内容方面进行了大量的充实与丰富。本教程结合近两百张技术动作图片对技术动作加以表述,使教程更具有直观性,图文并茂地呈现武器使用课程教学的过程。

本教材在编写过程中依据教学训练及考核的要求主要分为四个部分,第一部分(第一章、第二章)为武器使用的法律依据即武器使用的安全守则;第二部分(第三章、第四章、第五章)重点介绍了一线民警最为常用的手枪射击的训练(包含手枪射击的基本原理、基本操作中应知应会的基础知识),这部分也是我校学生武器使用课程教学训练的重点内容,以及警察队伍中现有配备的防爆武器及微型冲锋枪的使用;第三部分(第六章)为考核的要求、标准及具体的考核办法,重点突出了独具特色的操枪规范的考核;第四部分(第七章)介绍了枪支弹药的管理使用。

本教材在编写过程中得到了福建警察学院警体部主任刘建武教授、福建警察学院战术系主任张兵教授以及福建警察学院警体部武力使用教研室陈寿云等老师的大力支持。同时在教材编写过程中,还参阅了公安部治安局等文献资料,在此一并表示感谢!

编者虽力图使教材内容更趋实用、完整和规范,以达到服务公安院校教学训练和一线民警的需求,但由于受本人水平、阅历所限,如有疏漏、不妥之处,当以现行法律法规和政策为准,敬请读者指导。

编著者

2022年12月15日

目　录

第一章　法律法规

第一节　中华人民共和国人民警察使用警械和武器条例（摘录）

总　则

第一条　为了保障人民警察依法履行职责，正确使用警械和武器，及时有效地制止违法犯罪行为，维护公共安全和社会秩序，保护公民的人身安全和合法财产，保护公共财产，根据《中华人民共和国人民警察法》和其他有关法律的规定，制定本条例。

第二条　人民警察制止违法犯罪行为，可以采取强制手段；根据需要，可以依照本条例的规定使用警械；使用警械不能制止，或者不使用武器制止，可能发生严重危害后果的，可以依照本条例的规定使用武器。

第三条　本条例所称警械，是指人民警察按照规定装备的警棍、催泪弹、高压水枪、特种防暴枪、手铐、脚镣、警绳等警用器械；所称武器，是指人民警察按照规定装备的枪支、弹药等致命性警用武器。

第四条　人民警察使用警械和武器，应当以制止违法犯罪行为，尽量减少人员伤亡、财产损失为原则。

第五条　人民警察依法使用警械和武器的行为，受法律保护。

人民警察不得违反本条例的规定使用警械和武器。

第六条 人民警察使用警械和武器前,应当命令在场无关人员躲避;在场无关人员应当服从人民警察的命令,避免受到伤害或者其他损失。

武器的使用

第九条 人民警察判明有下列暴力犯罪行为的紧急情形之一,经警告无效的,可以使用武器:

(一)放火、决水、爆炸等严重危害公共安全的;

(二)劫持航空器、船舰、火车、机动车或者驾驶车、船等机动交通工具,故意危害公共安全的;

(三)抢夺、抢劫枪支弹药、爆炸、剧毒等危险物品,严重危害公共安全的;

(四)使用枪支、爆炸、剧毒等危险物品实施犯罪或者以使用枪支、爆炸、剧毒等危险物品相威胁实施犯罪的;

(五)破坏军事、通讯、交通、能源、防险等重要设施,足以对公共安全造成严重、紧迫危险的;

(六)实施凶杀、劫持人质等暴力行为,危及公民生命安全的;

(七)国家规定的警卫、守卫、警械的对象和目标受到暴力袭击、破坏或者有受到暴力袭击、破坏的紧迫危险的;

(八)结伙抢劫或者持械抢劫公私财物的;

(九)聚众械斗、暴乱等严重破坏社会治安秩序,用其他方法不能制止的;

(十)以暴力方法抗拒或者阻碍人民警察依法履行职责或者暴力袭击人民警察,危及人民警察生命安全的;

(十一)在押人犯、罪犯聚众骚乱、暴乱、行凶或者脱逃的;

(十二)劫夺在押人犯、罪犯的;

(十三)实施放火、决水、爆炸、凶杀、抢劫或者其他严重暴力犯罪行为后拒捕、逃跑的;

(十四)犯罪分子携带枪支、爆炸、剧毒等危险物品拒捕、逃跑的;

(十五)法律、行政法规规定可以使用武器的其他情形。

人民警察依照前款规定使用武器,来不及警告或者警告后可能导致更为严重危害后果的,可以直接使用武器。

第十条 人民警察遇有下列情形之一的,不得使用武器:

(一)发现实施犯罪的人为怀孕妇女、儿童的,但是使用枪支、爆炸、剧毒等危险物品实施暴力犯罪的除外;

(二)犯罪分子处于群众聚集的场所或者存放大量易燃、易爆、剧毒、放射性等危险物品场所的,但是不使用武器予以制止,将发生更为严重危害后果的除外。

第十一条 人民警察遇有下列情形之一的,应当立即停止使用武器:

(一)犯罪分子停止实施犯罪,服从人民警察命令的;

(二)犯罪分子失去继续实施犯罪能力的。

第十二条 人民警察使用武器造成犯罪分子或者无辜人员伤亡的,应当及时抢救受伤人员,保护现场,并立即向当地公安机关或者该人民警察所属机关报告。

当地公安机关或者该人民警察所属机关接到报告后,应当及时进行勘验、调查,并及时通知当地人民检察院。

当地公安机关或者该人民警察所属机关应当将犯罪分子或者无辜人员的伤亡情况,及时通知其家属或者其所在单位。

第十三条 人民警察使用武器的,应当将使用武器的情况如实向所属机关提交书面报告。

法律责任

第十四条 人民警察违法使用警械、武器,造成不应有的人员伤亡、财产损失,构成犯罪的,依法追究刑事责任;尚不构成犯罪的,依法给予行政处分;对受到伤亡或者财产损失的人员,由该人民警察所属机关依照《中华人民共和国国家赔偿法》的有关规定给予赔偿。

第十五条 人民警察依法使用警械、武器,造成无辜人员伤亡或者财产损失的,由该人民警察所属机关参照《中华人民共和国国家赔偿法》的有关规定给予补偿。

附 则

第十六条 中国人民武装警察部队执行国家赋予的安全保卫任务时使用警械和武器,适用本条例的有关规定。

第十七条 本条例自发布之日起施行。1980 年 7 月 5 日公布施行的《人民警察使用武器和警械的规定》同时废止。

第二节　公安机关人民警察佩带使用枪支规范

总　则

第一条　为保障公安机关人民警察依法履行职责，规范人民警察佩带、使用枪支行为，有效制止犯罪活动，维护公共安全和社会秩序，保护公民人身安全和合法财产、公共财产安全，根据《中华人民共和国人民警察法》、《中华人民共和国人民警察使用警械和武器条例》等有关法律、法规，制定本规范。

第二条　本规范适用于人民警察在执法执勤时佩带枪支、使用枪支和事后报告以及调查处置等工作。

第三条　本规范所称人民警察，是指获准核发《中华人民共和国公务用枪持枪证》（以下简称持枪证）的公安机关配枪民警。

配枪部门，是指公安机关配备公务用枪的内设部门、派出机构和其他直属单位。

枪支，是指公安机关依照《公务用枪配备办法》配备的各种公务用枪。

使用枪支，包括持枪戒备、出枪警示、鸣枪警告、开枪射击行为。

第四条　人民警察应当依照《中华人民共和国人民警察使用警械和武器条例》有关规定使用枪支。

第五条　人民警察使用枪支，应当以制止暴力犯罪行为，尽量减少人员伤亡、财产损失为原则。

第六条　人民警察依法使用枪支行为受法律保护。因合法使用枪支造成人员伤亡或者财产损失的，不承担法律责任。

佩带枪支

第七条　人民警察在执行下列任务时，应当佩带枪支：

（一）处置、侦查暴力犯罪行为；

(二)抓捕、搜查、押送、拘传、拘留、逮捕犯罪嫌疑人；

(三)执行武装巡逻任务；

(四)在公安检查站、卡点执行武装警戒、处突任务；

(五)在车站、机场、码头、口岸等重点部位、区域执行武装定点执勤任务；

(六)在重点地区执行入户调查、核查情况等反恐防暴任务；

(七)省级以上公安机关依法规定的其他情形。

第八条　人民警察遇有下列情形之一的，按照有关规定经特别批准后方可佩带枪支：

(一)进入北京市区的，应当经所在地省级人民政府批准；

(二)执行警卫任务需要乘坐民航飞机的，应当经省级以上公安机关批准；

(三)跨所属公安机关管辖区域佩带狙击步枪、班用机枪执行任务的，应当经上一级公安机关主要负责人批准；

(四)省级以上公安机关依法规定的其他情形。

第九条　人民警察应当按照下列规定佩带枪支：

(一)子弹未上膛时，打开枪支保险，子弹上膛时，关闭枪支保险；

(二)着警服佩带手枪时，应当使用制式枪套、枪纲；

(三)着便装佩带手枪时，应当选用便携式枪套；

(四)着警服佩带长枪时，应当使用制式枪背带采取肩枪、背枪或者挎枪方式。

第十条　人民警察佩带枪支时，应当遵守下列规定：

(一)携带人民警察证、持枪证(执行特定侦查任务的除外)；

(二)除因执法办案需要外，不得进入娱乐场所；

(三)严禁饮酒或者参加非警务活动；

(四)发生枪支丢失、被盗抢或者其他事故，应当立即向所属配枪部门、事发地县级公安机关报告；

(五)省级以上公安机关依法做出的其他规定。

使用枪支

第十一条　人民警察在执行任务时，遇有危及公共安全、本人或者其他公民人身安全和合法财产、公共财产等暴力犯罪行为时，应当根据现场情况和危险程度，及时选择采取持枪戒备、出枪警示、鸣枪警告、开枪射击措施，有效预防、制止严重暴力犯罪行为，最大限度地避免人员伤亡、财产损失。

第十二条 人民警察判断可能发生暴力犯罪行为的,应当及时进行持枪戒备,采取相应的戒备状态,并将枪口指向安全方向。

第十三条 人民警察发现犯罪行为人准备实施暴力犯罪行为的,应当进行出枪警示,迅速表明人民警察身份,并将枪口指向犯罪行为人。同时,命令犯罪行为人立即停止实施暴力犯罪行为,并口头警告其拒不服从命令的后果。

出枪警示时,应当子弹上膛,打开保险,抠压枪支扳机的手指置于扳机护圈外,与犯罪行为人保持一定距离,并采取有效措施,防止枪支走火或者被抢。

第十四条 人民警察在现场处置犯罪行为人准备实施或者正在实施暴力犯罪行为,经口头警告无效的,可以视情向天空等安全方向鸣枪警告。来不及口头警告的,可以直接鸣枪警告。

第十五条 人民警察判明有《中华人民共和国人民警察使用警械和武器条例》第九条规定的下列暴力犯罪行为的紧急情形之一,经口头警告或者鸣枪警告无效的,可以开枪射击。来不及警告或者警告后可能导致更为严重危害后果的,可以直接开枪射击:

(一)放火、决水、爆炸等严重危害公共安全的;

(二)劫持航空器、船舰、火车、机动车或者驾驶车、船等机动交通工具,故意危害公共安全的;

(三)抢夺、抢劫枪支弹药、爆炸、剧毒等危险物品,严重危害公共安全的;

(四)使用枪支、爆炸、剧毒等危险物品实施犯罪或者以使用枪支、爆炸、剧毒等危险物品相威胁实施犯罪的;

(五)破坏军事、通讯、交通、能源、防险等重要设施,足以对公共安全造成严重、紧迫危险的;

(六)实施凶杀、劫持人质等暴力行为,危及公民生命安全的;

(七)国家规定的警卫、守卫、警戒的对象和目标受到暴力袭击、破坏或者有受到暴力袭击、破坏的紧迫危险的;

(八)结伙抢劫或者持械抢劫公私财物的;

(九)聚众械斗、暴乱等严重破坏社会治安秩序,用其他方法不能制止的;

(十)以暴力方法抗拒或者阻碍人民警察依法履行职责或者暴力袭击人民警察,危及人民警察生命安全的;

(十一)在押犯罪嫌疑人、被告人、罪犯聚众骚乱、暴乱、行凶或者脱逃的;

(十二)劫夺在押犯罪嫌疑人、被告人、罪犯的;

(十三)实施放火、决水、爆炸、凶杀、抢劫或者其他严重暴力犯罪行为后拒捕、逃跑的;

(十四)犯罪行为人携带枪支、爆炸、剧毒等危险物品拒捕、逃跑的;

(十五)法律、法规规定可以开枪射击的其他情形。

人民警察开枪射击时,应当命令在场无关人员躲避,避免受到伤害。犯罪行为人停止实施暴力犯罪行为,或者失去继续实施暴力犯罪能力的,应当立即停止开枪射击,并确认危险消除后,及时关闭枪支保险,恢复佩带枪支状态。

第十六条 人民警察遇有下列情形之一的,不得鸣枪警告、开枪射击:

(一)发现实施犯罪的人为怀孕妇女、儿童的,但是使用枪支、爆炸、剧毒等危险物品实施暴力犯罪的除外;

(二)犯罪分子处于群众聚集的场所或者存放大量易燃、易爆、剧毒、放射性等危险物品的场所的,但是不使用枪支予以制止,将发生更为严重危害后果的除外;

(三)正在实施盗窃、诈骗等非暴力犯罪以及实施上述犯罪后拒捕、逃跑的。

第十七条 人民警察在处置表达具体诉求的群体性事件时,一线处置民警不得佩带枪支。根据现场情况二线民警可以佩带枪支进行戒备,只有在出现严重暴力犯罪行为时才能依法使用。

人民警察在处置群体性事件需要使用防暴枪时,应当按照现场指挥员的命令,根据现场实际情况确定适宜的弹种和射击安全距离,进行开枪射击。

第十八条 人民警察使用枪支造成犯罪行为人或者其他人员伤亡的,应当及时抢救受伤人员,保护现场,防止证据灭失。

人民警察使用枪支后,应当立即向所属配枪部门主要负责人口头报告,并在完成任务后二十四小时内,向所属配枪部门提交书面报告。报告应当包括以下内容:

(一)使用枪支的地点、时间;

(二)使用枪支时的现场情况;

(三)使用枪支时采取的警告措施;

(四)使用枪支理由及造成的伤亡情况;

(五)弹药消耗情况;

(六)使用枪支后所做的处置工作。

人民警察在所属公安机关管辖区域外使用枪支的,应当同时向事发地县级公安机关110报警台口头报告。

调查处理

第十九条 人民警察所属配枪部门接到使用枪支的口头报告后,应当及时上报所属公安机关。所属公安机关应当视情指派警务督察部门进行调查;对鸣枪警告、开枪射击的,应当及时进行调查验证并形成卷宗。

各级公安机关应当建立由警务督察部门牵头,纪委监察、法制部门参加的调查处理机制,负责会同有关警种对人民警察使用枪支案事件进行调查处理。

第二十条 人民警察开枪造成人员伤亡的,事发地县级公安机关应当迅速按照下列程序处置:

(一)派出警力赶赴现场,划定警戒区域,维护秩序,保护现场;

(二)通知医疗单位对受伤人员紧急救治;查明伤亡人员的身份情况,及时通知其家属和所在单位;

(三)组织开展现场勘查和调查工作,收集、固定相关证据;

(四)通知事发地县级人民检察院;

(五)向当地党委、政府报告,组织做好善后处理、舆情引导工作。

第二十一条 人民警察所属公安机关接到民警异地使用枪支造成人员伤亡的报告后,应当立即指派人员配合事发地县级公安机关做好调查、处置工作。

第二十二条 事发地县级公安机关调查结束后,应当及时出具书面调查报告。调查报告应当包括以下内容:

(一)接受人民警察报告的情况;

(二)调查工作情况及确认的使用枪支情况;

(三)对伤亡人员的救治及采取的紧急处置情况;

(四)组织善后处理和舆情引导工作情况;

(五)调查结论及处理意见。

第二十三条 事发地县级公安机关对人民警察使用枪支情况调查结束后,应当向其本人及所属配枪部门宣布调查结论;人民检察院介入调查的,应当与人民检察院协商形成调查认定意见后宣布。

人民警察对认定其使用枪支不当的调查结论持有异议的,可以向事发地县级公安机关的上一级公安机关提出申诉。

第二十四条 人民警察依法使用枪支造成人员伤亡的,事发地公安机关未经其所属省级公安机关批准,不得披露当事民警姓名、工作单位等信息。

第二十五条 人民警察使用枪支后,所属公安机关应当及时对其进行心理辅导,缓解心理压力。在人民警察接受调查期间,应当暂停其佩带枪支。

对人民警察使用枪支后,存在心理负担过重等不宜佩带枪支情形的,其所属公安机关可以停止其佩带枪支。

奖惩责任

第二十六条　人民警察依法使用枪支有效制止严重暴力犯罪行为的，应当给予表扬或者依照有关规定予以表彰奖励。

第二十七条　人民警察在执勤执法时，按照本规范应当佩带枪支而未佩带的，对其本人及所属配枪部门负责人视情给予批评教育；造成人民警察伤亡或者其他严重后果的，对负有责任的人员依照有关规定予以追责。

第二十八条　人民警察违反本规范佩带、使用枪支，所属公安机关在调查期间可以对其采取停止执行职务、禁闭的措施。调查结束后视情给予通报批评、调离岗位等组织处理；构成违纪的，给予相应的纪律处分；构成犯罪的，移送司法机关追究刑事责任。

第二十九条　人民警察行使职务时违法使用枪支造成不应有的人员伤亡、财产损失，对受到伤亡或者财产损失的人员，由该人民警察所属公安机关依照《中华人民共和国国家赔偿法》的有关规定给予赔偿。

第三十条　人民警察依法使用枪支，造成无辜人员伤亡或者财产损失的，由该人民警察所属公安机关参照《中华人民共和国国家赔偿法》的有关规定给予补偿。

附　则

第三十一条　列入公安机关序列的人民武装警察部队执行任务时佩带、使用枪支的，参照本规范执行。

人民警察出国参加维和执勤执法任务，根据有关国际组织协议的授权需要携带枪支的，参照本规范和相关的授权执行。

第三十二条　省级公安机关可以根据本规范，结合本地实际，制定实施细则并报公安部备案。

第三十三条　本规范自 2015 年 5 月 1 日起施行。此前有关规定与本规范不一致的，以本规范为准。

第三节　公安机关人民警察现场制止违法犯罪行为操作规程

通　则

第一条　为了规范公安机关人民警察(以下简称公安民警)现场制止违法犯罪行为及相关处置活动,保护国家、集体财产安全、公民人身财产安全以及公安民警自身安全,维护公共安全和社会秩序,根据《中华人民共和国人民警察法》《中华人民共和国人民警察使用警械和武器条例》等有关法律、行政法规,制定本规程。

第二条　本规程适用于公安民警现场制止违法犯罪行为活动,处置重大恐怖事件和群体性事件等重大紧急警情按照有关规定执行。

第三条　公安民警现场采取处置措施,应当以制止违法犯罪行为为限度,尽量避免和减少人员伤亡、财产损失;使用较轻处置措施足以制止违法犯罪行为的,应当尽量避免使用较重处置措施。

公安民警现场制止违法犯罪行为,应当注意方式方法,避免激化矛盾;发现事态有进一步扩大可能的,应当及时采取相应措施进行妥善处置。

第四条　公安民警依照有关法律、行政法规规定和本规程采取处置措施制止违法犯罪行为,受法律保护。

第五条　公安民警制止违法犯罪行为过程中,应当对违法犯罪行为的危险性、可能还有未被发现的违法犯罪行为人等情况保持警惕,防止、减少自身伤亡。

第六条　采取处置措施前,公安民警应当表明身份并出示执法证件,情况紧急来不及出示执法证件的,应当先表明身份,并在处置过程中出示执法证件;着制式警服执行职务的,可以不出示执法证件。

第七条　公安民警对现场制止违法犯罪行为的情况,应当按照《110 接处警工作规则》做好处警记录。

第八条　公安民警到达处置现场后,应当与所属公安机关保持联络,迅速报告现场情况;接到报告的公安机关应当视情增派警力或者调整警力部署。

现场警力难以有效制止违法犯罪行为时,公安民警应当立即向所属公安机关报告,请求增派警力支援;接到报告的公安机关应当根据现场情况立即增派警力。

增援警力到达现场后,现场公安民警应当立即向增援民警介绍情况,共同进行处置。

第九条　公安民警现场制止违法犯罪行为时,应当根据现场警情的性质、危害程度、影响范围、涉及人数、当事人身份及警情敏感性等综合因素,快速判断,采取相应的处置措施。

现场警情发生变化的,公安民警应当及时调整处置措施。

第十条　公安民警使用较重处置措施时,可以同时使用较轻处置措施作为辅助手段。

第十一条　公安民警采取处置措施制止违法犯罪行为后,对可能脱逃、行凶、自杀、自伤或者有其他危险行为的违法犯罪行为人,可以使用手铐、警绳等约束性警械将其约束,并及时收缴其所持凶器。

第十二条　公安民警在现场处置过程中,应当依法及时收集、固定有关证据;有条件的,应当对现场处置过程进行录音录像。

第十三条　现场处置过程中出现人员伤亡的,公安民警应当按照本规程第七章的规定报告情况,并及时采取适当措施救治受伤人员,保护现场。

公安民警使用武器的,应当按照《中华人民共和国人民警察使用警械和武器条例》第十二条和第十三条的规定报告情况。

第十四条　本规程所用术语的含义如下:

处置措施,是指公安民警为现场制止违法犯罪行为而依照本规程采取的强制手段,由轻到重依次为:口头制止、徒手制止、使用警械制止、使用武器制止。

口头制止,是指公安民警为制止违法犯罪行为而发出强制命令。

徒手制止,是指公安民警使用身体强制力制止违法犯罪行为的强制手段。

使用警械制止,是指公安民警使用《中华人民共和国人民警察使用警械和武器条例》规定的驱逐性、制服性、约束性警用器械制止违法犯罪行为的强制手段。

使用武器制止,是指公安民警在紧急情况下,根据《中华人民共和国人民警察使用警械和武器条例》第九条的规定,使用武器制止暴力犯罪行为的强制手段。

口头制止

第十五条　对正在以非暴力方式实施违法犯罪行为的,公安民警可以口头制止。

口头制止可能导致违法犯罪行为人逃跑、毁灭证据或者其他严重危害后果的,公安民警可以根据本规程的有关规定,采取徒手制止措施。

第十六条　口头制止包括以下内容:

(一)命令违法犯罪行为人停止实施违法犯罪行为;

(二)命令违法犯罪行为人按照要求接受检查;

(三)告知违法犯罪行为人拒不服从公安民警命令的后果;

(四)根据警情需要,要求在场无关人员躲避;

(五)其他能够达到有效制止目的的口头命令。

第十七条 口头制止用语应当明确、简洁、易懂,禁止使用侮辱性、歧视性语言。

第十八条 违法犯罪行为人不听从公安民警口头制止的,公安民警可以将其传唤至公安机关处理;违法犯罪行为人不听从公安民警口头制止,并实施暴力行为的,公安民警应当根据本规程的有关规定,采取相应处置措施。

徒手制止

第十九条 对正在以轻微暴力方式实施违法犯罪行为,尚未严重危及公民或者公安民警人身安全,经警告无效的,公安民警可以徒手制止;情况紧急,来不及警告或者警告后可能导致更为严重危害后果的,可以直接使用徒手制止。

第二十条 公安民警徒手制止,应当以违法犯罪行为人停止实施违法犯罪行为为限度;除非必要,应当避免直接击打违法犯罪行为人的头部、裆部等致命部位。

第二十一条 当违法犯罪行为人停止实施违法犯罪行为时,公安民警应当立即停止可能造成人身伤害的徒手制止动作,并依法使用手铐、警绳等约束性警械将其约束。

第二十二条 对徒手无法制止违法犯罪行为的,公安民警可以根据本规程的有关规定,采取相应措施。

使用警械制止

第二十三条 公安民警遇有《中华人民共和国人民警察使用警械和武器条例》第七条所列危害公共安全、社会秩序、公民人身安全等情形之一,经警告无效的,可以使用警棍、催泪喷射器等驱逐性、制服性警械。

第二十四条 公安民警使用驱逐性、制服性警械,应当以制止违法犯罪行为为限度;当违法犯罪行为人停止实施违法犯罪行为时,应当立即停止使用。

第二十五条 违法犯罪行为人的攻击尚未危及他人或者公安民警生命安全的,公安民警使用警棍时尽量避免攻击违法犯罪行为人的头部、裆部等致命部位。

第二十六条 公安民警应当按照下列程序和方法使用催泪警械:

(一)根据现场情况,要求现场无关人员躲避;

(二)选择上风向站位和安全有效距离,直接向违法犯罪行为人喷射催泪剂;

(三)制服违法犯罪行为人并将其约束后,对有异常反应或者可能引发疾病的,应当及时采取适当措施救治。

第二十七条 公安民警制服违法犯罪行为人后,应当立即使用手铐、警绳等约束性警械将其约束。对受伤的违法犯罪行为人,应当及时采取适当措施救治。

第二十八条 符合使用警械条件,但是现场没有警械或者使用警械可能造成更为严重危害后果的,公安民警可以使用除武器以外的其他物品对违法犯罪行为人进行控制。

第二十九条 对使用警械不能制止违法犯罪行为的,公安民警可以根据本规程的有关规定,采取相应措施。

使用武器制止

第三十条 公安民警遇有《中华人民共和国人民警察使用警械和武器条例》第九条规定的紧急情形之一,经警告无效的,可以使用武器;来不及警告或者警告后可能导致更为严重危害后果的,可以直接使用武器。

第三十一条 公安民警应当按照下列程序使用武器:

(一)判明现场情况;

(二)表明警察身份,出枪示警;情况紧急时,可以在出枪的同时表明身份;

(三)命令在场无关人员躲避;

(四)命令犯罪行为人停止实施暴力犯罪行为,或者鸣枪警告;

(五)犯罪行为人在公安民警口头警告或者鸣枪警告后继续实施暴力行为的,可以对其使用武器;来不及警告或者警告后可能导致更为严重危害后果的,可以直接使用武器;

(六)犯罪行为人停止实施犯罪,服从公安民警命令,或者失去继续实施犯罪能力的,应当立即停止射击,并持枪戒备;

(七)在未确定危险消除前,应当继续保持持枪戒备;

(八)确认危险消除后,应当关闭枪支保险,收回枪支。

第三十二条 公安民警在使用武器时,遇有下列情形之一的,不得鸣枪警告:

(一)处于繁华地段、群众聚集的场所或者其他容易误伤他人的场所;

(二)明知或者应当明知存放有大量易燃、易爆、剧毒、放射性等危险物品的场所;

(三)鸣枪警告后可能导致危及公民或者公安民警人身安全等更为严重危害后果的;

第三十三条 具有下列情形之一的,公安民警不得使用武器:

(一)处理治安案件、群众上访事件、疏导道路交通和查处交通违法等非刑事执法活动时;

(二)正在实施盗窃、诈骗等非暴力犯罪或者实施暴力犯罪情节轻微,以及实施上述犯罪后拒捕、逃跑的;

(三)发现实施犯罪的人为怀孕妇女、儿童的,但是使用枪支、爆炸、剧毒等危险物品实施暴力犯罪的除外;

(四)犯罪行为人处于群众聚集的场所,或者存放大量易燃、易爆、剧毒、放射性等危险物品的场所的,但是不使用武器予以制止,可能发生更为严重危害后果的除外。

具有前款第一项、第二项情形之一,违法犯罪行为人实施危及公安民警或者其他在场人员生命安全行为或者携带枪支、爆炸、剧毒等危险物品拒捕、逃跑的,公安民警可以使用武器。

第三十四条 符合使用武器条件,但是现场没有武器或者使用武器可能造成更为严重危害后果的,公安民警可以使用其他必要强制手段制服犯罪行为人。

(公通字〔2010〕9 号,2010 年 1 月 27 日)

第二章　安全守则与训练规范

第一节　武器使用安全守则

1. 必须将所有枪支认为子弹已经上膛！因此必须在当天第一次接触枪支时进行安全地验枪。

2. 除非依法决定向目标射击，否则不要拔枪、子弹上膛（半自动手枪）、打开保险（转轮手枪）、扳开击锤和将枪口指向任何目标。

3. 当决定开枪前，扣动扳机的手指必须在扳机护圈的外面。

4. 射击后应当马上验枪。如果情况紧急来不及验枪，必须首先关上保险，行动结束后马上验枪。

5. 携带或者收枪时必须扣好枪套。

第二节　依法使用武器程序规范

一、特别警示

1. 在学习使用武器前，必须熟知《中华人民共和国人民警察法》《中华人民共和国人民警察使用武器和警械条例》之规定,否则使用武器是极其危险的。

2.使用武器是法律赋予警察的权利,必须依法使用。使用武器会形成被击中者非死即伤的严重后果,无论对与错,都必须承担相应的法律后果。

3.使用武器的目的必须是以《条例》规定的“以制止违法犯罪行为,尽量减少人员伤亡、财产损失为原则”,而不是达到其他目的。

4.武器将是你生命安全的最后保障,使用武器应当是你在执法行动中最后的选择。

二、依法使用武器的程序

按照《人民警察使用武器和警械条例》规定,使用武器必须依法遵照下列程序:

(一)使用前

1.判明。

你必须明确地知道将要射击的目标是犯罪嫌疑人,绝不可似是而非。没有确定,不要使用武器。

2.暴力犯罪。

你必须熟记《条例》所规定的十四种使用武器的具体情形,并在现场使用武器前进行确认。

3.紧急情形。

在当时特定的环境、时间、情形等条件下,你确定已经无法采取其他方法予以制止,使用武器是你的最后选择!同时,应当尽量记住和收集相关证据,以证明使用武器是合法的。

4.警告。

一是对犯罪嫌疑人警告:

(1)口头警告。如“我是警察!别动!否则开枪!”“我是警察!站住!否则开枪!”“我是警察!放下武(凶)器!否则开枪!”

(2)鸣枪警告。必须保证子弹不能伤及无辜人员或物体。如果在特殊的环境条件下,你也可以采用其他方式进行警告,如灯语、旗语、手势等。

(3)口头警告、鸣枪警告与其他方式警告结合使用对犯罪嫌疑人的控制作用会更加有效,但不是法定程序。

二是对无关人员警告:

(1)在室外时的警告。如:“我是警察!快躲开!我要开枪了!”

(2)如果在室内。“我是警察!快趴下!我要开枪了!”

(二)使用中

1. 必须遵守《条例》第六条"人民警察使用警械和武器,应当以制止违法犯罪行为,尽量减少人员伤亡、财产损失为原则"之规定,不能造成更加严重的危害后果。

2. 如果符合《条例》规定"来不及警告或者警告后可能导致更为严重后果的",你可以直接开枪。

3. 如果警告后可以控制住事态,你应当立即停止使用武器。

4. 如果你开枪后,犯罪嫌疑人停止了犯罪行为、失去了继续实施犯罪的能力或者服从警察的命令时,你不应当再继续射击。

5. 如果"发现实施犯罪的人为怀孕妇女、儿童的",你不能使用武器。在面对《条例》规定"使用枪支、爆炸、剧毒等危险物品实施暴力犯罪的除外"的情形时,你务必要慎之又慎。

6. 如果是"犯罪分子处于群众聚集的场所或者存放大量易燃、易爆、剧毒、放射性等危险物品的场所"的情形,你不能使用武器。在面对《条例》规定"不使用武器予以制止,将发生更为严重危害后果的除外"的情形时,你必须在有极高把握的前提下才可使用武器。

(三)使用后

1. 使用武器制止犯罪行为后,你应当立即保护现场,划定警戒区域,同时,立即向上级报告情况。

2. 如果有人受伤,你应当利用现场的各种条件迅速组织抢救伤员。

3. 搜集、固定证据,为书面报告做准备并配合上级、检察机关及相关部门的调查。

4. 行动结束后,你需依法向上级写出书面报告。其内容主要包括:

(1)武器使用者的个人情况。姓名、年龄、职级、所属机关;持枪资格、使用武器类型、编号、弹药数量等。

(2)犯罪嫌疑人的个人情况。姓名、年龄、单位等情况;现场具体表现、是否携带武器或者其他危险物品、做出了何种危险行为等。

(3)武器使用的事实经过。使用武器前是否采取了其他强制方法,是否发出过警告;是否警告现场无关人员躲避;为什么要使用武器、开枪过程、弹药剩余情况等。

(4)法律根据。依据《条例》或者其他法律、法规规定的具体条文。

(5)使用武器的直接后果。是否造成人员伤亡;伤亡人员的名单,伤亡的直接原因,及财产损失情况等。

(6)善后措施。是否采取措施保护现场、抢救伤员;是否立即向当地公安机关或所属机关报告等。

第三节　警务实战训练安全守则

一、必须在教官统一指挥下检查枪支、弹药、装弹与退弹及其他装备。

二、受训者必须遵守教官宣布的纪律与要求。

三、当任何一名教官下达“停止”的口令时,受训者必须立即停止行动,留在原地,将枪支、警械入套。

四、服从教官指令,不可超出演练规则实施行动。

五、按照规定穿着服装,没有命令任何时候不得摘、脱防护装备。

六、如果发生意外,每个人均应当大声喊出“停止! 有情况!”教官应立即停止训练,查明原委并予以处置。

第四节　发生安全问题处置程序

一、下达“停止”口令,制止一切活动;命令将枪支、警械等入套。

二、检查伤员、事故原因:轻伤可在现场处置,如果伤情严重,则立即联系专业医务人员救治或派人送往医院。

三、保留出现问题的武器、弹药、警械、装备及设施。

四、检查现场所有武器、弹药、警械、装备及设施。

五、确定证人与证词。

六、向上级报告情况。

七、在上级同意下恢复或者终止本次训练。

八、训练结束后填写《安全事故说明表》。

安全事故说明表

主讲教官（填表人）：　　　　　　　　　　　　辅助教官：

当事人单位：	姓名：
证人单位：	姓名：
训练时间：	地点：

训练内容：

事故情况：

现场处理：

上级指示：

填表日期：　　　　年　　　月　　　日

第五节　靶场训练管理规定

一、教官

(一)训练前必须对靶场进行安全检查,包括警戒区(竖红旗)、射击区、靶位区、靶标、地面、灯光与通风(室内)、电子设备等。

(二)检查枪支、弹药及辅助装备性能良好。

(三)告知全体人员靶场安全情况。

(四)对刻意违反《靶场训练管理规定》、不服从指挥者应当收回其枪支、弹药,暂停其训练。训练结束后报告上级并填写《违反〈靶场训练管理规定〉情况处理表》。

二、受训者

(一)所有进入靶场人员必须服从教官的统一指挥。

(二)没有收到教官的命令以及红旗没有放下之前严禁拔枪。

(三)严禁将枪口指向射击区以外的任何人员、物体和区域。

(四)实弹射击时应当佩带防护装具。

(五)出现意外或者听到命令时,必须立即停止所有动作,将枪支入套,等待教官的指示。

(六)患有伤病或者身心不适者不宜参加实弹射击训练,应当主动向教官报告,由教官另行安排。

(七)严禁私自将武器、弹药、弹壳及公共器材设备带出靶场。

违反《靶场训练管理规定》情况处理表

主讲教官（填表人）：　　　　　　　　　　　　辅助教官：

当事人单位：	姓名：
证人单位：	姓名：
训练时间：	地点：
训练内容：	
违规情况：	
现场处理：	
上级指示：	

填表日期：　　　　年　　　月　　　日

第六节　使用标记弹训练规定

一、在第一次训练前,教官必须向受训者公布此规定,并将标记弹的原理、性能向受训者演示。受训者必须按照此规定进行安全训练。

二、严禁携带实弹进入训练现场。教官在训练前必须进行严格检查。

三、使用标记弹训练应当在相对封闭的环境进行。

四、所有进入演练范围内的人员必须穿着防护服和面罩。

五、受训者必须按照教官布置的训练计划和要求进行训练,不许超出演练范围和规定射击。目标距离近于三米时不得射击。

六、在教官下达命令之前任何人不得摘、脱防护装具。

第三章　手枪训练

第一节　手枪射击基本原理

武器是指人民警察按照规定装备的枪支、弹药等致命性警用武器。目前警察配置及常用的武器有手枪、冲锋枪及防爆枪。手枪主要有“六四”式手枪、“七七”式手枪、“九二”式手枪以及转轮手枪。

我国手枪技术指标表

枪种 指标	“六四”式手枪	“七七”式手枪	“九二”式手枪	转轮手枪
口径	7.62 mm	7.62 mm	9 mm	9 mm
有效射程	50 m	50 m	50 m	50 m
发射方式	单动、联动	单动	单动、联动	单动、联动
全枪重	0.56 kg	0.54 kg	0.76 kg	0.7 kg
瞄准基线	117.2 mm	127 mm	152 mm	108 mm
弹种	“六四”式 7.62 mm 普通手枪弹	“六四”式 7.62 mm 普通手枪弹	DPA9 式 9 mm 普通、9 mm×19 mm 巴拉贝卢姆手枪弹	9 mm 转轮手枪弹和 9 mm 转轮手枪橡皮弹
弹匣容量	7 发	7 发	15 发	6 发
寿命	1500 发	1500 发	>3000 发	>3000 发

“六四”式手枪

“七七”式手枪

“九二”式手枪

“零五”式转轮手枪

一、手枪使用安全规则

1. 用枪前,将所有枪支视为子弹已上膛处待发状态,故而首先要进行验枪。

2. 除非得到命令射击或决定射击外,击发扳机的指头应贴靠于扳机护圈外面。

3. 除非得到命令射击或决定射击外,否则不能将枪口指向任何一个不能射击的人或物件,更不能将枪口指向自己身体某一处。

4. 除非得到命令射击或决定射击外,否则不能拔枪、拉枪机上膛、据枪(转轮手枪不能下压击锤)。

5. 如果没能确定目标,切勿开枪。

6. 验枪、退弹和交收枪时,必须检查弹膛内确认已无子弹。

7. 使用枪时不能粗心大意,一定要熟悉使用枪械的规范程序,必须严格按照使用枪支的规范程序操作,严防意外情况出现。

二、手枪性能检查

枪支的性能检查是保证枪支安全使用的必要环节和重要措施。

检查程序(以国产“六四”式、“七七”式手枪、“九二”式手枪和转轮手枪为例):

(1)将枪指向安全的方向,并检查弹膛是否有子弹,安全后再进行具体检查。

(2)检查枪身表面是否有裂痕、生锈或损坏(在没有将枪涂上过量的枪油时)。

(3)卸下套筒(打开子弹轮),检查弹膛、枪管内是否有过量的油垢、裂痕或阻塞物。

(4)检查退弹突笋(退弹杆帽)是否坚固,有无磨损,确保机件完好。

(5)检查抓弹沟(退弹沟)及簧是否完整,确保抓弹沟(退弹沟)里面没有污垢或阻塞物。

(6)确保弹夹卡笋(子弹轮卡笋螺丝)稳固,确保弹夹能顺利装卸(子弹轮能顺利地打开或锁上)。

(7)击发前,应检查击锤或击针是否能正常运作,同时应检查击针尖是否断裂(检查子弹轮能否正常转动,并与弹膛和枪管成一条直线)。

(8)扣动扳机,看清击针是否能够正常穿过击针孔,并检查击针槽内的击针簧是否完好,有无污垢。

三、简易射击原理

1.发射与后坐

(1)发射。发射是发射药燃烧,产生高温、高压气体将弹头从膛内推送出去的现象。整个发射过程可分为四个发射阶段:

第一阶段:准备阶段,由发射药开始燃烧至弹头开始运动时。

第二阶段:基本阶段,自弹头开始运动起到发射药燃烧完时止。

第三阶段:气体膨胀阶段,自发射药燃烧完到弹头底部脱离枪口前切面时为止。

第四阶段:自弹头底部脱离枪口前切面时起至火药气体停止对弹头作用时为止。

(2)后坐。发射时武器向后运动的现象叫后坐。后坐的形成:发射时,产生的火药气体压力同时向各个方向挤压,作用于膛壁周围的压力被膛壁所抵消,向前的压力推送子弹前进,向后的压力抵压弹壳底部经枪机传给整个武器,使武器向后运动,形成后坐。

(3)发射的流程(见图 3-1-1)。

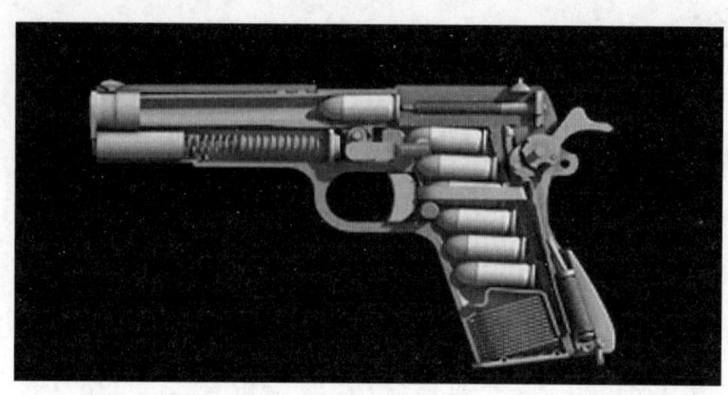

图 3-1-1

(4)后坐对命中的影响。第一发子弹发射后,由于弹头脱离枪口瞬间,大量的火药气体随弹头后部从膛内向外喷出,形成了反作用力,使武器后坐更加明显,改变了原有的瞄准线,所以对连续射击中,后一发子弹的射击命中有一定的影响。

2.弹道

弹道是弹头运动中,其重心所经过的路线。弹道的形成是弹头在空气中飞行时,一面受到地心吸力的作用,逐渐下降;一面受到空气阻力的作用,越飞越慢,因此形成了一条不均等的弧线(见图 3-1-2、图 3-1-3)。

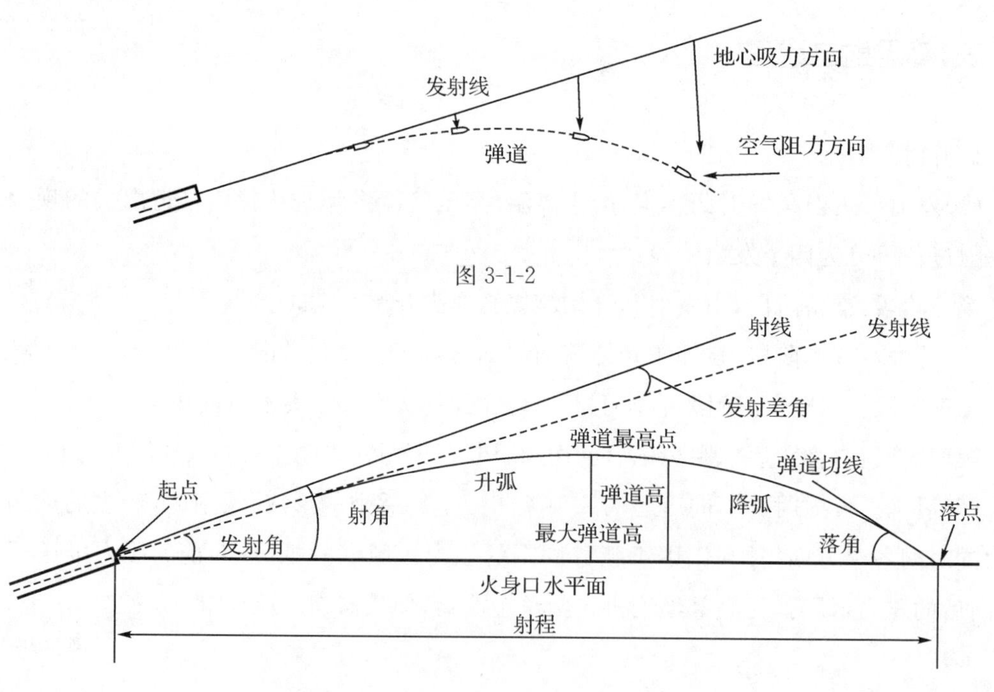

图 3-1-2

图 3-1-3

3. 瞄准和选择瞄准点(区)

瞄准要素：

(1)瞄准基线：缺口的上沿中央到准星尖的直线；

(2)瞄准点(区)：瞄准线所指向的一点(区域)；

(3)瞄准线上的弹道高：弹道上任何一点到瞄准线的垂直距离；

(4)落点：弹道降弧与瞄准线的交点；

(5)弹着点：弹道与目标表面或地面的交点；

(6)实际射击距离：起点到弹着点的距离。

4. 瞄准具的作用

瞄准具的作用，就是对一定距离上的目标射击时赋予武器相应的瞄准和射向。瞄准角的大小，是根据射弹在不同距离上的降落量来确定的。距离越远，降落量越大，所需要的瞄准角也就越大；距离越近，降落量越小，所需要的瞄准角也就越小。

5. 击发中的预压

击发是射击动作中的关键环节，击发中的预压是指当击锤处于待发状态，扣压扳机的食指迅速越过扳机的前半段相对"轻盈"的一段行程，即所谓的"一道火"，到达明显的阻力位即所谓的"二道火"。此时注意力应该高度集中在准星、缺口的平正关系上，用正确的击发动作完成击发。

击发中的预压，目的就是尽量减少外力对射击动作稳定性的影响，达到提高射击的命中率。预压存在于扳机的单动模式，扳机力一般在 4.5～7 磅。

第二节　手枪基本操作

一、领枪和交枪

枪支的领取及交还都应注意枪支的安全，实际操作中应注意枪口的方向和及时对枪支的检查。

1. 领枪与收枪(见图 3-2-1、图 3-2-2)。

图 3-2-1

图 3-2-2

2. 交接枪(见图 3-2-3～图 3-2-6)。

图 3-2-3

图 3-2-4

图 3-2-5

图 3-2-6

二、验枪动作

1. 步骤

(1)取枪(见图 3-2-7、图 3-2-8)。

图 3-2-7

图 3-2-8

(2)卸弹匣检查(见图 3-2-9、图 3-2-10)。

图 3-2-9

图 3-2-10

(3)扳击锤向后(见图 3-2-11)。

图 3-2-11

(4)拉套筒检查弹膛(见图 3-2-12)。

图 3-2-12

(5)击发检查(见图 3-2-13)。

图 3-2-13

(6)装弹匣(见图 3-2-14、图 3-2-15)。

图 3-2-14

图 3-2-15

(7)入套(见图 3-2-16)。

图 3-2-16

三、手枪的携带

1. 着警服携带(见图 3-2-17)。

2. 着便装携带(见图 3-2-18)。

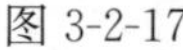

图 3-2-17

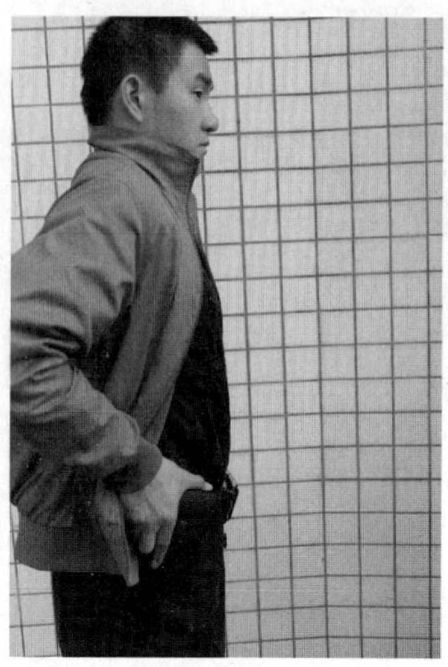

图 3-2-18

四、出枪和收枪

(一)出枪

1. 解枪套扣(见图 3-2-19)。

图 3-2-19

2. 拔枪、出套(见图 3-2-20、图 3-2-21)。

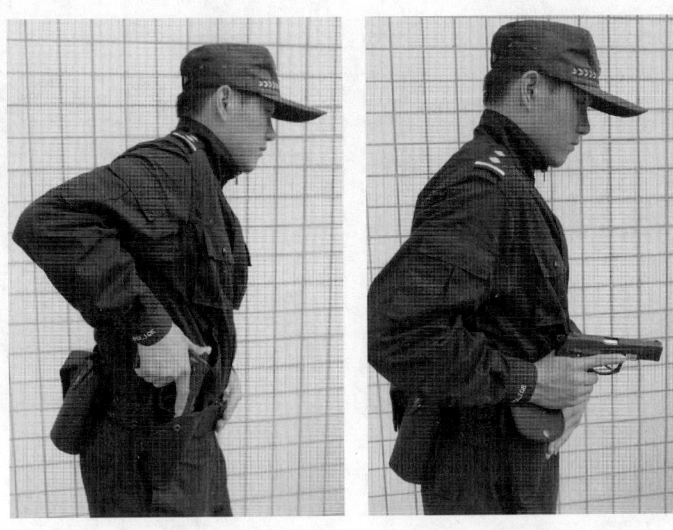

图 3-2-20　　图 3-2-21

3. 双手握枪迅速前推据枪(见图 3-2-22)。

图 3-2-22

(二)收枪

1. 慢收枪到腰际(见图 3-2-23、图 3-2-24)。

图 3-2-23

图 3-2-24

2. 枪入套(见图 3-2-25、图 3-2-26)。

图 3-2-25

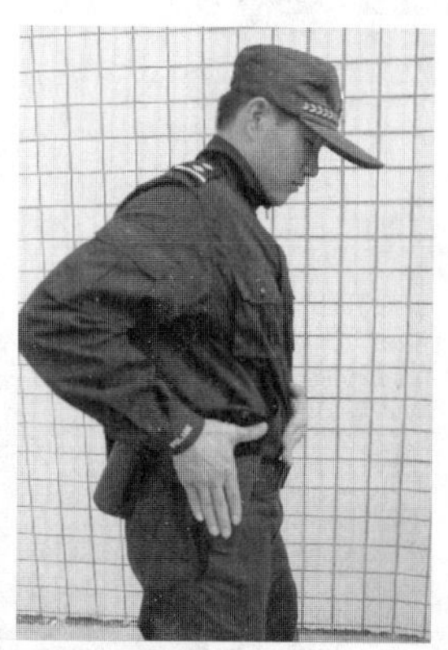

图 3-2-26

3. 扣枪套(见图 3-2-27)。

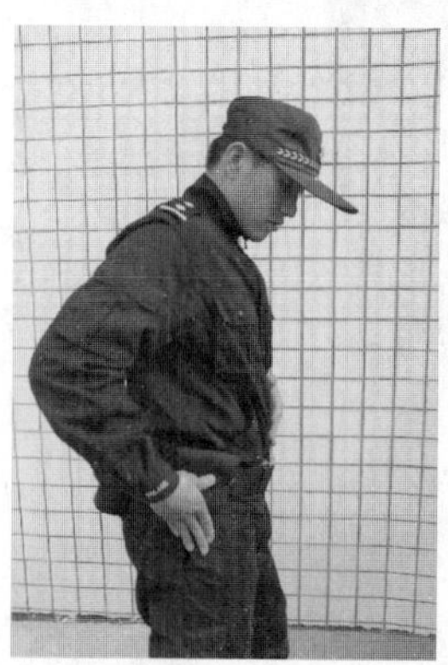

图 3-2-27

五、持枪的基本站立姿势

1. 平行站立姿势(平肩式)(见图 3-2-28)。

2. 前后开立姿势(威沃尔式)(见图 3-2-29)。

图 3-2-28

图 3-2-29

六、手枪的基本持握

1. 持握方式

(1)单手持握(见图 3-2-30、图 3-2-31)。

图 3-2-30

图 3-2-31

(2)双手持握(见图 3-2-32、图 3-2-33)。

图 3-2-32

图 3-2-33

2. 持枪的戒备姿势

(1)双手据枪射击姿势(平肩式)。适合控制已锁定的目标,双手持枪向前保持和肩水平稍下位置,不阻碍视线,可迅速提升到视线射击水平位置,视线与身体转向一致,时刻留意嫌疑人的双手(见图 3-2-34、图 3-2-35)。

图 3-2-34

图 3-2-35

(2)高姿持枪(高姿戒备)。适合较狭窄地方、双手持枪向上微向前,肘、肩弯曲,肘及大臂内侧紧贴侧肋部,手腕固定,离面颊 10~15 cm,视线与身体转向一致,不要过高及阻碍视线(见图 3-2-36、图 3-2-37)。

图 3-2-36

图 3-2-37

(3)低姿持枪(低姿戒备)。适合较宽阔地方,双手持枪指向前方约一米处,腕、肘固定,肩关节活动,较大观察范围,视线与身体转向一致(见图 3-2-38、图 3-2-39)。

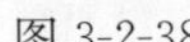

图 3-2-38

图 3-2-39

(4)双手腰间持枪(双手抵腰戒备)。适合近距离及较长时间持枪,双手持枪在强手边腰间、枪的上平面平行于地面的位置,视线与身体转向一致(见图 3-2-40、图 3-2-41)。

图 3-2-40

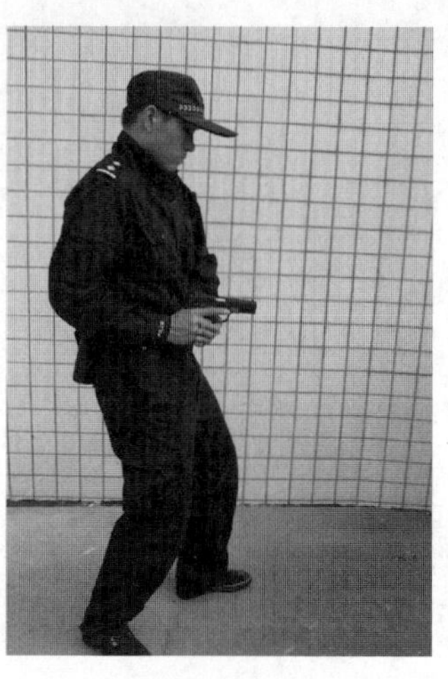

图 3-2-41

(5)单手腰间持枪(单手抵腰戒备)。适合近距离及接近嫌疑人,单手持枪在强手边腰侧(如没有其他办法,但必须要接近嫌疑人,可将枪贴近髋旁)枪的上平面基本平行于地面的位置,可用弱手作其他用途(如格挡、推开或开门等)(见图 3-2-42、图 3-2-43)。

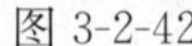

图 3-2-42

图 3-2-43

七、装、退子弹及更换弹匣

1. 装子弹

(1)卸弹匣动作。双手握枪指向安全区域，用左手拇指按压弹匣卡笋取出弹匣(见图 3-2-44、图 3-2-45)。

图 3-2-44

图 3-2-45

(2)压子弹动作。领取子弹，左手持弹匣，用右手拇指按压将子弹装入(见图 3-2-46～图 3-2-48)。

图 3-2-46

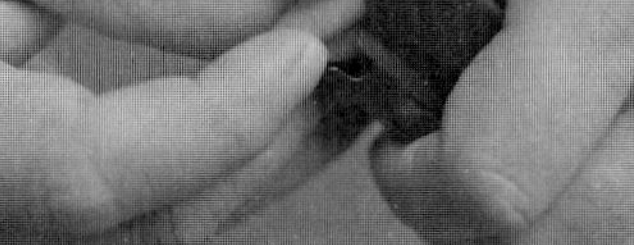

图 3-2-47

图 3-2-48

(3)装实弹匣动作。右手持枪，枪口指向安全区域，用左手拇指向上推顶将实弹匣装入并检查(见图 3-2-49、图 3-2-50)。

图 3-2-49

图 3-2-50

2. 退子弹

(1)弹匣退弹。卸弹匣，双手握枪指向安全区域，用拇指按压弹匣卡笋取出弹匣，依次退出弹匣中的子弹(见图 3-2-51～图 3-2-53)。

图 3-2-51

图 3-2-52

图 3-2-53

(2)枪膛退弹。左手食指和拇指抓握套筒后端防滑槽，以后拉、前推之合力将套筒拉开使膛内子弹退出(见图 3-2-54、图 3-2-55)。

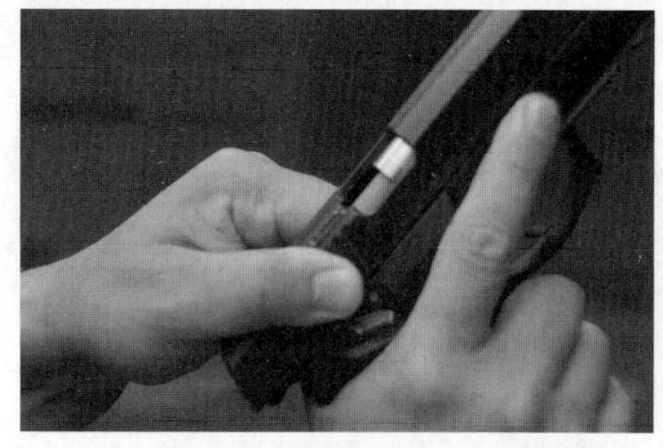

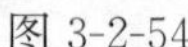

图 3-2-54

图 3-2-55

(3)空枪击发。双手握枪指向安全区域,按规范操作程序击发(见图 3-2-56、图 3-2-57)。

图 3-2-56

图 3-2-57

3. 更换弹匣

(1)卸弹匣动作。(空仓挂机状态下)双手握枪指向安全区域,用左手拇指按压弹匣卡笋取出弹匣(见图 3-2-58、图 3-2-59)。

图 3-2-58

图 3-2-59

(2)更换弹匣动作。右手持枪,枪口指向安全区域,左手取出弹匣套内的实弹匣并装入。(见图 3-2-60、图 3-2-61)。

图 3-2-60

图 3-2-61

八、上膛动作

据枪过程中翻转枪面(枪的正面)用左(右)手食指和拇指(或大鱼际部位)抓握套筒后端的防滑槽,用持枪手前推、辅助手后拉之合力将套筒后拉到位并迅速释放使子弹上膛,迅速成据枪姿势(见图 3-2-62、图 3-2-63)。

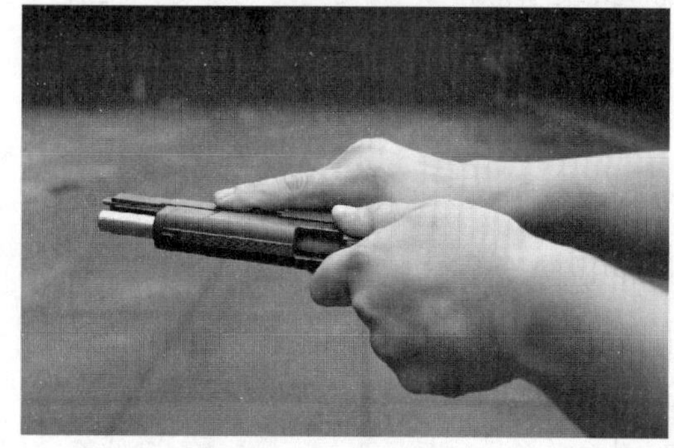

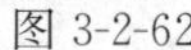

图 3-2-62

图 3-2-63

九、"九二"式手枪的分解与结合

1. 分解程序

(1)检查弹膛内是否有子弹(见图 3-2-64)。

图 3-2-64

(2)卸下弹匣(见图 3-2-65、图 3-2-66)。

图 3-2-65

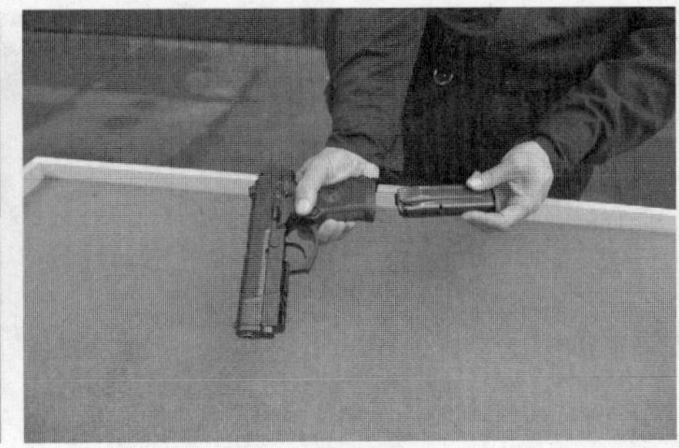

图 3-2-66

(3)用弹匣尾部按压(或平击)挂机扳把球头一侧,取出挂机扳把(也称套筒卡笋)(见图 3-2-67～图 3-2-70)。

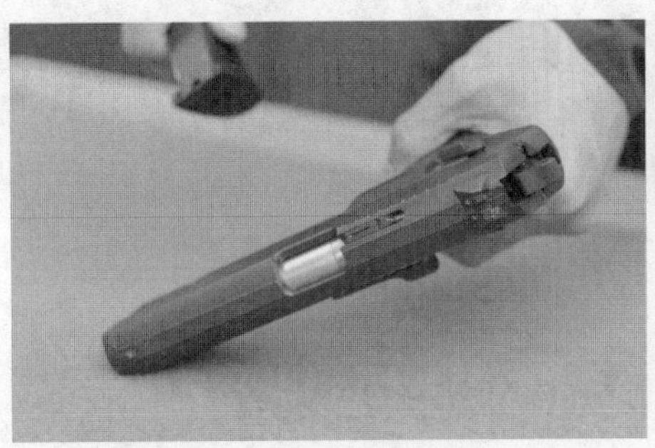

图 3-2-67

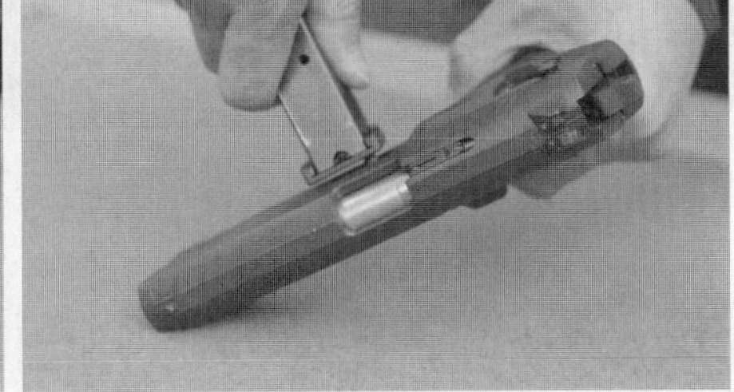

图 3-2-68

图 3-2-69

图 3-2-70

(4)向枪口方向平推卸下套筒(见图 3-2-71～图 3-2-73)。

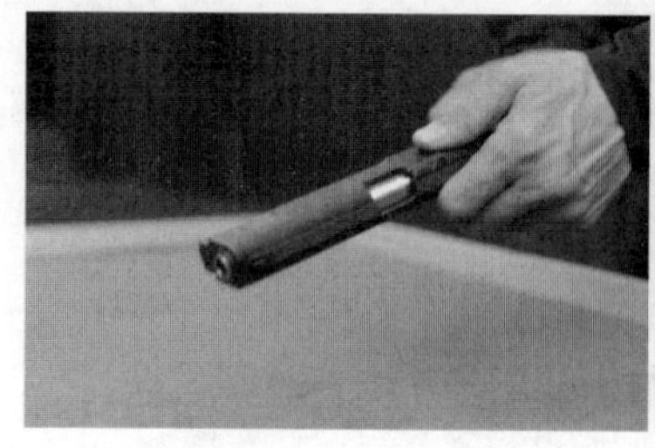
图 3-2-71

图 3-2-72

图 3-2-73

(5)取出复进簧、导杆、连接坐(见图 3-2-74～图 3-2-76)。

图 3-2-74

图 3-2-75

图 3-2-76

(6)枪管帽旋转 45°卸下并取出枪管(见图 3-2-77～图 3-2-79)。

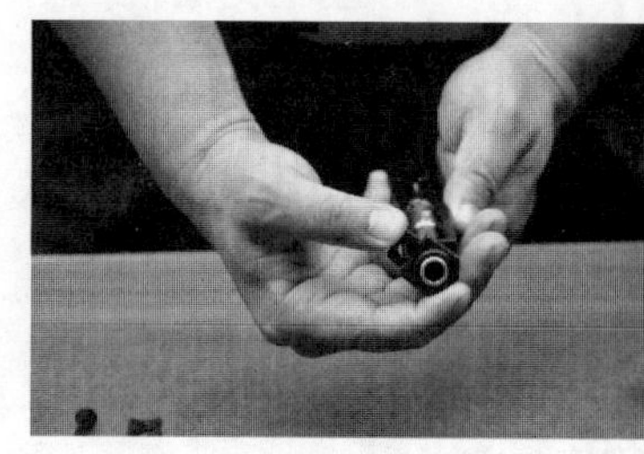
图 3-2-77

图 3-2-78

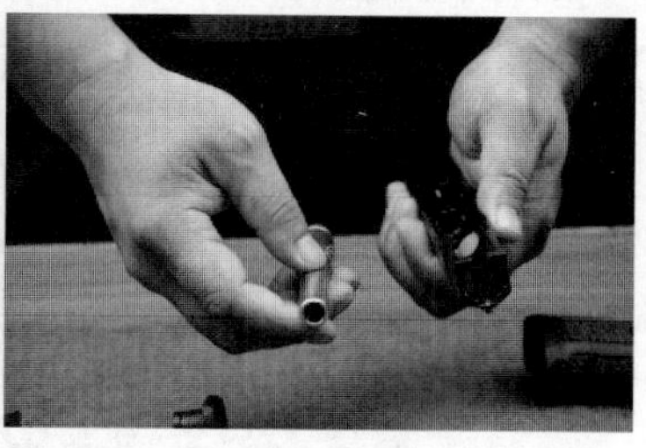
图 3-2-79

(7)取出发射机组件(见图3-2-80、图3-2-81)。

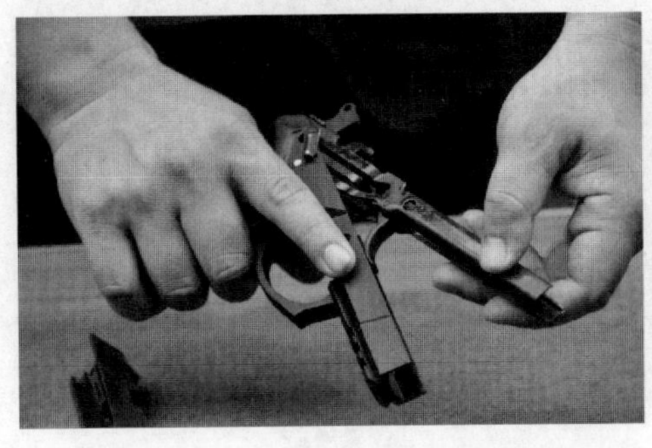

图3-2-80

图3-2-81

2.结合程序

(1)装上枪管及枪管帽。

(2)结合复进簧,导杆及连接座。

(3)把复进机组件和枪管结合。

(4)装上发射机座。

(5)套筒和套筒座结合。

(6)插上挂机扳把,拉套筒检查。

十、清洁擦拭枪支

为使枪支经常保持完好状态,有效预防故障的发生,民警必须对枪支进行勤检查、勤擦拭。枪支射击后,应用浸透枪油或碱水(肥皂水)的布擦净烟渣、污垢,并用干布擦干净后再上油。在日常的执勤和训练中,应适时用干布或油布进行擦拭。枪遇有盐水(海水),或遭受毒剂和放射性物质的侵蚀后,应先用淡水冲洗干净后,再擦拭上油。擦拭枪支前,应分解枪支并准备好相关的用具。擦拭枪膛时,先在通条孔内穿上布条,然后由枪管后端插入枪膛。沿枪膛全长来回擦拭擦净后再上油;擦拭其他部件时,应先擦净表面的烟渣和污垢,对孔、槽、沟等细小部位,可用刷子刷,或者用木(竹)签缠上布条进行擦拭,然后薄薄地涂上一层油(见图3-2-82、图3-2-83)。

图 3-2-82

图 3-2-83

十一、常见的违反安全操作

1. 双手握枪时,左手拇指错放在右手虎口处(见图 3-2-84)。

图 3-2-84

2. 拉套筒时,辅助手抓握套筒前端(见图 3-2-85)。

图 3-2-85

3. 做上膛动作时，食指进入扳机护圈(见图 3-2-86)。

图 3-2-86

4. 枪口移开射击目标时，食指扣压在扳机上(见图 3-2-87)。

图 3-2-87

5. 枪口指向非安全区域(见图 3-2-88)。

图 3-2-88

第三节　实战中的安全操枪要求

一、枪口指向

除决定射击外,任何时候枪口须指向安全区域。

二、食指位置

除决定射击外,任何时候食指均须置于扳机护圈外。

三、拔枪

一旦发现险情,在第一时间内打开枪套扣,将枪拔出,枪口指向目标。

四、上膛

发现险情,决定射击,在出枪过程中迅速将子弹上膛。

五、收枪

经警告或射击后,产生一定效果,在枪口指向目标的前提下,慢收枪入套。若枪膛内有子弹,现场不允许验枪,应关保险后入套。现场处理完毕,应第一时间验枪,将膛内子弹退出。

六、姿势变换

根据现场需要和对掩体物的利用及战术需求,适时变换射击姿势。若条件允许,应做到:能立不跪、能跪不卧。

七、利用掩体

从“安全三宝”出发，只要现场条件许可，要充分利用掩体，利用掩体采用的姿势视掩体物而定。

八、距离

在警戒、盘查、搜索等警务活动中，应牢记与犯罪嫌疑人保持一定距离，以免受其突袭而受伤。

九、戒备

在执行公务过程中，思想应保持高度的清醒，时刻保持戒备状态。

十、更换弹匣

在实战中，弹尽而更换弹匣是民警应知应会的技能要求。但须提醒的是，在实战中应适时运用战术性更换弹匣。子弹耗尽三分之二，就应考虑适时或在同伴掩护下更换弹匣。

十一、回瞄

在实战中应养成回瞄习惯，即命中目标后，应观察目标是否确实失去了实施犯罪或抵抗能力，再决定是否开第二枪、第三枪，有效地保护自己。

第四节　基础射击

一、射击姿势(据枪)

1. 立姿射击姿势

(1)平肩式射击姿势(见图 3-4-1、图 3-4-2);

图 3-4-1　　图 3-4-2

(2)威沃尔式射击姿势(见图 3-4-3、图 3-4-4)。

图 3-4-3　　图 3-4-4

2. 跪姿射击姿势

(1)高姿(见图 3-4-5、图 3-4-6)；

图 3-4-5

图 3-4-6

(2)低姿(有依托)(见图 3-4-7、图 3-4-8)。

图 3-4-7

图 3-4-8

3. 易犯的错误动作

(1)耸肩。

为了保证射击姿势的自然和舒服，应该放松肩部，做到既稳固又持久地保持好射击姿势。

(2)手腕松动。

持枪手腕的不稳往往影响准星平正的构成，击发时也容易产生干扰的附加力量。

(3)握枪力度过大或过小。

手握枪把的力量过大会造成据枪手臂的肌肉紧张,击发时会使枪支产生角度摆动,增大射弹散布。握力过小、松弛、握不实,不仅枪面不正,难以进行精确瞄准,且击发时也不易做到食指单独用力,所以,基础射击时的握枪力度应适中。

(4)拇指过于用力“夹枪”。

拇指的过力夹压会对枪支形成侧面的压力,使枪面不平。

(5)持枪瞄准时过于低头收下颌(用眼睛找枪的高度)。

在持枪准备射击时,应首先眼睛看好目标,然后举枪用枪去找眼睛的高度。

二、瞄准

瞄准是使瞄准基线准确地指向目标所做的各种动作。正确的瞄准动作应通视缺口与准星,使准星尖位于缺口中央,并与上沿平齐构成平正准星,再将已平正好的手枪指向瞄准区。正确的瞄准应是:准星与缺口构成的平正关系要看得清清楚楚,而目标则看得模模糊糊(3-4-9)。

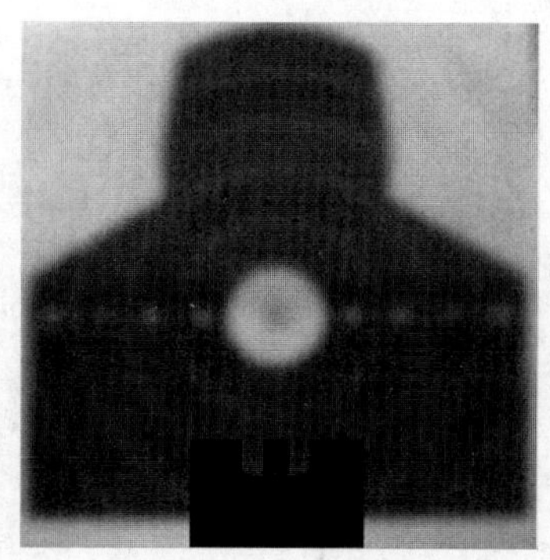

图 3-4-9

易犯的错误动作提示:

(1)盯目标而忽略准星缺口。

(2)苛求瞄准点。

(3)瞄准时间过长。

(4)怕枪响或憋气时间过久,而心里急躁。

(5)太想打好而分心。

(6)思想不集中。

三、击发

击发是射击最关键的一步，良好的击发应用食指第一指关节根部单独地、正直、均匀地向后缓慢扣压扳机，其余四指力量不变。第一道火大胆预压、二道火开始做到注意力高度集中在准星和缺口的平正关系上，做到“响在前，知在后”。

1.易犯的错误动作

(1)猛扣扳机(胆怯、抢时间)。

(2)意识超前。

(3)注意力不集中。

(4)扣扣停停。

(5)时间过长。

(6)过于紧张。

(7)视力不在平正关系上。

(8)注意力在“枪就要响了”。

2.纠正方法

(1)猛扣扳机，破坏准照关系，造成射弹(弹着点)偏差太大。应强调快速均匀、正直向后用力扣压扳机。

(2)枪支颤动。应强调握枪时不要用力过大，两臂肌肉用力要协调。

(3)手腕挺不住，造成弹着点偏低。应多练习臂力、腕力，握枪时，强调手腕用力挺直。

(4)弱手用力不当。应强调弱手拉握强手与强手臂形成前推后拉之势(强手臂前顶)，注意弱手后拉不要用力过大，保持枪的稳定性。

(5)射击姿势不正确，重心不稳固。应强调正确的立姿和跪姿的角度，保持身体稳定性。

(6)握枪要领不正确。应强调强手前后捏握枪柄和弱手的拉握力度，不要击发一次枪握调整一次，要连续射击完毕后再调整。

(7)射击姿势所构成瞄准基线不正确，用眼睛找准星。应强调头部要摆正，用瞄准基线找眼睛的视平线。

(8)成射击姿势后，构成瞄准基线慢，影响首发射击速度。应强调射击姿势的快速形成、稳固定位，不要忽高忽低。

(9)射击时，扣扳机的食指不灵活，松开扳机时离开扳机。应强调多加强食指“两快一慢”的练习，松扳机时随扳机向前的引力松开，食指不要有意识地向前弹开。

(10)射击时,弹与弹之间的连续忽快忽慢,没有节奏感。应根据需要和可能,合理分配每次击发时间,做到心中有数,节奏明显。

(11)出枪或更换弹匣时眼睛看枪。应强调眼睛始终盯准射击目标,通过反复练习,形成凭手感完成动作的习惯。

四、常见故障及排除

1.警察自己能排除的故障

发生以下故障时,在判明情况后,慎重予以处置:

(1)不发火。往往由于子弹受潮、底火不敏感所致。在训练时,一般重新扣动扳机就能击发;如果仍不能击发,应拉套筒向后,弹出子弹,重新装弹再击发。在实战中,直接排除不能击发的子弹,重新装弹击发,以节省射击时间。以拍、拉、瞄完成。

(2)不抛壳。不抛壳的主要原因是子弹或套筒过脏、弹膛或抓弹钩过脏,将子弹或机件上的污垢擦拭干净即可解决问题。对膛内未抛出的空弹壳可以拉套筒用抓弹钩抓出,也可以卸下弹匣,用通条捅出膛内弹壳。

(3)子弹不能自动上膛。子弹不能自动上膛主要是由于弹匣过脏、弹匣损坏或子弹变形等原因所致。针对不同情况,可分别采用擦拭弹匣脏物、拉套筒人工上膛或更换弹匣排除以及更换子弹等方法予以解决。

(4)套筒前进不到定位。如果是弹膛、套筒、复进机簧过脏或复进机簧弹力不足,向前推套筒或推枪机到定位即能排除,可以重新射击,但应尽快擦拭过脏的机件或更换复进簧;如果是子弹或弹匣口变形就应更换子弹或弹匣。

2.警察自己不易排除的故障

发生以下故障必须送修械所修理或更换零件:

(1)击锤断裂;

(2)击针断裂;

(3)击针损坏或击锤簧弹力不足;

(4)抓弹钩损坏;

(5)弹壳卡死;

(6)弹头留膛,枪管被堵;

(7)压杆折断、击发阻铁磨损或击发阻铁簧弹力不足;

(8)缺口松动。

第五节　决定射击

当我们在执法过程中,我们需要斟酌是否需要使用武器,当执法人员依法决定使用武器时,应迅速寻找掩体并进行射击。

一、操作步骤

1. 将掩体放置在 10 米的基准线上,学员位于掩体的右后方(见图 3-5-1、图 3-5-2)。

图 3-5-1

图 3-5-2

2. 听到教官口令时,学员向左闪入,到达掩体的正后方(见图 3-5-3～图 3-5-6)。

图 3-5-3

图 3-5-4

图 3-5-5

图 3-5-6

3.快速接近掩体,到达适当位置(见图 3-5-7、图 3-5-8)。

图 3-5-7

图 3-5-8

4.听到口令后,出枪、上膛、警告“警察,别动,否则使用武器,无关人员散开”(见图 3-5-9～图 3-5-12)。

图 3-5-9

图 3-5-10

图 3-5-11

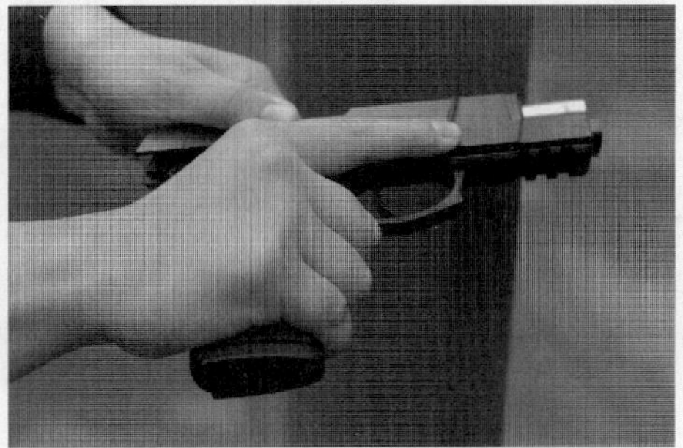

图 3-5-12

5. 击发，射击一发子弹，回瞄观察（见图 3-5-13、图 3-5-14）。

图 3-5-13

图 3-5-14

6. 沉枪观察，先左右观察，再观察后方（见图 3-5-15～图 3-5-17）。

图 3-5-15

图 3-5-16

图 3-5-17

7. 教官再次下达口令,重复以上动作(见图 3-5-18～图 3-5-23)。

图 3-5-18

图 3-5-19

图 3-5-20

图 3-5-21

图 3-5-22

图 3-5-23

8.射击结束进行验枪(见图 3-5-24～图 3-5-29)。

图 3-5-24

图 3-5-25

图 3-5-26

图 3-5-27

图 3-5-28

图 3-5-29

9. 验枪完毕枪入套(见图 3-5-30、图 3-5-31)。

图 3-5-30

图 3-5-31

二、操作技巧

掩护物后射击应首先根据掩护物的形状,采取相应的姿势;其次应尽可能在掩护物侧面而不是在其顶部瞄准射击,在掩护物侧面射击可减少身体暴露的面积;再次,射击时不要让枪接触到掩护物的任何部分,如果需要掩护物的支持,可用弱手或前臂贴靠掩护物的表面而配合。

易犯错误:

(1)枪接触掩护物(见图 3-5-32)。

图 3-5-32

(2)身体暴露过多(见图 3-5-33)。

图 3-5-33

(3)枪口指向安全区域外(见图 3-5-34)。

图 3-5-34

(4)沉枪观察时食指位置错误(见图 3-5-35)。

图 3-5-35

(5)枪与掩体位置错误(见图 3-5-36、图 3-5-37)。

图 3-5-36

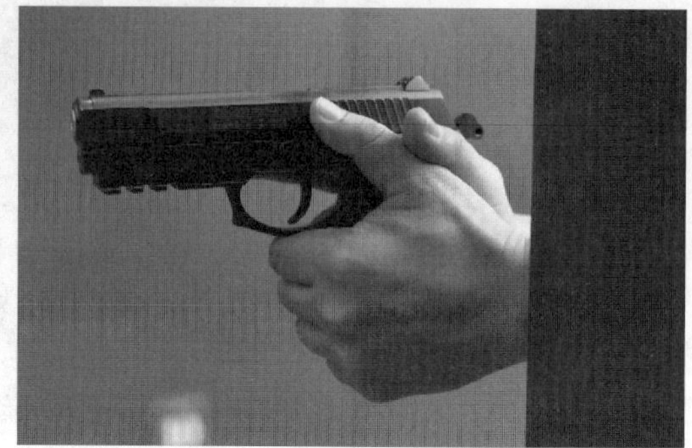

图 3-5-37

第六节　快速射击

人民警察在执法的过程中遇到突发的需要使用武器紧急情况时,我们应当快速使用武器。警察用枪的特点:距离近、时间短、突然性强等。

一、操作步骤

1. 学员位于 10 米基准线上(见图 3-6-1)。

图 3-6-1

2. 听到教官下令后，学员出枪、闭瞄、击发(见图 3-6-2～图 3-6-4)。

图 3-6-2

图 3-6-3

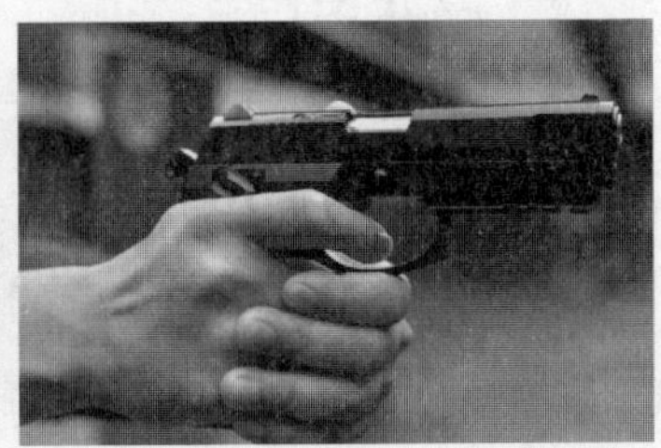

图 3-6-4

3. 在教官下达第二声口令前完成所有射击。

4. 射击结束验枪(见图 3-6-5～图 3-6-7)。

图 3-6-5

图 3-6-6

图 3-6-7

5. 验枪结束枪入套(见图 3-6-8、图 3-6-9)。

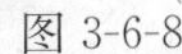

图 3-6-8

图 3-6-9

二、操作技巧

1. 概略瞄准

概略瞄准是在快速出枪的基础上,用双眼紧盯目标,双手将枪面保持平稳,并使之处于枪眼的视平线上,这样枪口就指向了目标,准星和缺口也就基本平正。在视觉上,目标清楚,缺口模糊。

2. 击发

在枪口指向射击目标并形成概略瞄准的基础上,握枪手的食指快速果断,正直均匀地向后扣压扳机;用准星瞄准,边调整边扣压,使之击发。

3. 连续击发

在保持正确概略瞄准的基础上,击发后边调整边实施连续的第二次击发、第三次击发,即:击发后扣动的食指随扳机的引力向前快速松开,到位同时再快速预压扳机,实施第二次击发……以连续的动作达到快速连续击发的目的。

扣扳机的特点是"两快一慢",即预压扳机要快,松开扳机要快,击发瞬间稍慢,扣压扳机要快而匀速。在实战中,要做到快速连续击发,还必须要做到快速概略瞄准。

连续击发应注意几点:强手腕挺(手略用力握实),弱手回抱协助强手稳定枪的平正关系;持枪手臂的肘部要绷直,肩部要前顶。

二、易犯错误

1. 瞄准时间过长。

2. 没有预压扳机。

3. 从二道火开始的过程中没有做到单独、正直、均匀地扣压扳机。

第七节　运用射击

人民警察在执法的过程中如果遇到犯罪嫌疑距离过远,我们需要向前推进后进行射击。这是根据实战需求设定的训练课目。

一、操作步骤

1. 学员位于 15 米出发地线上准备(见图 3-7-1)。

图 3-7-1

2. 听到教官下令后,所有学员向前推进至七米基准线处(见图 3-7-2～图 3-7-5)。

图 3-7-2

图 3-7-3

图 3-7-4

图 3-7-5

3. 学员立姿出枪、上膛、瞄准、击发,将弹夹内子弹射出(见图 3-7-6～图 3-7-8)。

图 3-7-6

图 3-7-7

图 3-7-8

4. 学员由立姿改为跪姿进行射击,同时更换弹夹继续射击(见图 3-7-9～图 3-7-17)。

图 3-7-9

图 3-7-10

图 3-7-11

图 3-7-12

图 3-7-13

图 3-7-14

图 3-7-15

图 3-7-16

图 3-7-17

5. 自行验枪后由教官下令统一验枪（见图 3-7-18～图 3-7-21）。

图 3-7-18

图 3-7-19

图 3-7-20

图 3-7-21

6. 验枪结束撤回 15 米出发地线（见图 3-7-22、图 3-7-23）。

图 3-7-22

图 3-7-23

三、易犯错误

1. 学员由于冲刺过猛而超过七米基准线。

2.学员在奔跑的过程中出枪(见图 3-7-24)。

图 3-7-24

第八节　训练方法

正确掌握武器使用中的据枪、瞄准、击发是教学训练的重要环节。学习武器使用技术必须一丝不苟地掌握动作要领。从稳定性训练到下意识地扣动扳机,要扎扎实实打下牢固的基础。在教学训练中常采用以下方法:

一、空枪练习法

初学者对枪有特别的感受,其主要表现在兴奋、恐惧、思想注意力不集中,容易受到外界干扰,从而影响技术的正常发挥。通过教师的讲解、示范,采用空枪练习法,重点体会“晃中瞄、瞄中扣、响在前、知在后”的动作要领,真正做到“平正清晰、预压到位、稍顿匀压、单独扣压”。通过反复练习,让学员在动作上有所体会,逐渐形成意识记忆、动作记忆、肌肉记忆。教师在练习过程中边检查、边纠正,不断强化、巩固正确的动作。

二、联动击发法

击发主要的动作要求是:单独、均匀、正直。初学者在击发时常常是其他指头共同用力或食指力量把握不均。因此,我们采用“联动击发”法,能有效地解决食指单独、均匀、正直扣压扳机的技术，强化食指的重要性。在练习中，让学员保持枪支的正常状态，从据枪、瞄准开始，尝试用食指联动扣压扳机，直至击锤向后引后再向前完成击发。在初始阶段，可能会出现食指力量不够，导致击锤无法完成联动。此时，可告诉学员，食指在正确扣动扳机基础上，压到某个部位顶住，充分体会食指的决定因素。

三、弹壳定位法

在实弹练习中，初学者由于受到自身心理的影响和外界因素的干扰，在击发的一刹那，准星、缺口跑偏或猛扣扳机。在教学训练中，我们可采用弹壳定位法进行训练，以帮助学员体会击发时的稳定性，即二人一组（或自己进行），一人据枪、瞄准、击发，一人在其据枪稳定后将一发空弹壳置于枪机前端，要求练习者击发后做到弹壳纹丝不动，5～10 人一组连续进行，要求练习者如果有一发掉下则重新开始，以此来强化学员击发的稳定性。

四、辅助装填法

为了解学员实弹中出现脱靶原因，在实弹训练中，由教师进行个别辅导，由教师帮学员装填子弹，在一发一枪的练习中，装填一发让学员实弹一发，期间特意不装填子弹，让学员据枪击发。此时，学员心情高度紧张，以为子弹已上膛，因此，表现出的问题就容易发现，再就此对学员进行辅导、讲解，帮助其纠正错误动作，做到具备“枪中有弹、心中无弹”的心理境界。

五、交流法

每次实弹完毕，总有些学员成绩较好，有些学员成绩不理想或脱靶，此时，教师可有针对性地挑选不同层次的学员在大家面前谈体会，教师根据情况及时总结他们的共性和个性，帮助学员正确理解动作要领，努力使他们真正明白“三分技术、七分心理”的射击秘诀。

六、内景训练法

每次训练或实弹射击后，强调、布置学员回到宿舍后对今天的训练内容或实弹过程进行认真的放电影式地回想，并对教学训练的重点难点进行分析。这样的内景训练法能有效地帮助学员理解动作要领，往往能起到事半功倍之效。当然，适时地让学员通过内景训练后,写出体会,并在教学训练中加以重点练习或改进,能起到很好的教学效果。

七、相互指正法

当时机成熟时,在实弹射击过程中,可分为二人一组,一人实弹,一人站后面进行安全保护,重点观察实弹者的动作。实弹完成,要求后面的学员对实弹学员指出其好的或不足的地方,最好还能提供解决方法,相互交换进行,以提高学员教学训练的层次。

八、默念击发法

在实弹射击中,学员中常出现最后击发的一刹那,思想注意力不在准星、缺口的平正关系上。为解决这一问题,可让学员在找到平正关系并对准瞄准点(区)后,嘴巴默念"平正关系、平正关系",强迫自己将注意力最大限度地专注在准星、缺口平正关系上。同时,食指下意识正确地扣动扳机,真正做到"响在前,知在后"。

九、食指固定法

为能很好地完成食指扣压扳机的"单独、均匀、正直",在日常生活中,让学员有意识地将自己的拇指当作扳机,食指第一指节压在拇指上,食指第一、二指节与第三指节成直角形成L形,条件成熟时,拇指离开,以第二指节为轴进行空指练习,直至运用自如。

第四章　97-1 式 18.4 mm 防暴枪

第一节　97-1 式 18.4 mm 防暴枪概述

97-1 式 18.4 mm 防暴枪及配用弹于 1997 年设计定型通过国家部级鉴定并获得了国家专利。多年来，它在全国 10 个省、直辖市公安队伍的试用中，以其结构简单、性能可靠、使用方便、便于维修、配用弹种多、首发命中率高等特点获得了用户的好评。在部分地区试用后正式列装的一种新型警用防暴武器，主要装备公安机关及《中华人民共和国枪支管理法》规定的金融、仓储、科研、司法等需配备公务用枪的有关部门。口径为 18.4 mm 的防暴枪一直为欧美发达国家研制的防暴武器系列之一。受过正规训练的人员，即使在紧张的状态下也能很容易地击中目标，在有效射程内又可以同时打击多个目标是此枪被国外警察广泛使用的主要原因。该枪的研制填补了装备的空白，对提高我国公安干警及押运守护人员的战斗力，更好地维护社会稳定，保卫人民生命财产的安全将起到更好的作用。

一、97-1 式 18.4 mm 防爆枪主要诸元和性能指标

1. 口径：18.4 mm；
2. 全枪长：97-1 式 18.4 mm 为 660 mm ；97-1 式为 920 mm；
3. 全枪重：97-1 式 18.4 mm 为 2.75 kg ；97-1 式为 3.15 kg；
4. 枪管长：425 mm；

5. 弹仓容量:5 发;

6. 扳机引力:15～30N;

7. 寿命:≥3000 发;

8. 故障率:≤0.5%;

9. 使用环境温度:－40℃～ ＋43℃;

10. 不能发射 12＃猎枪弹。

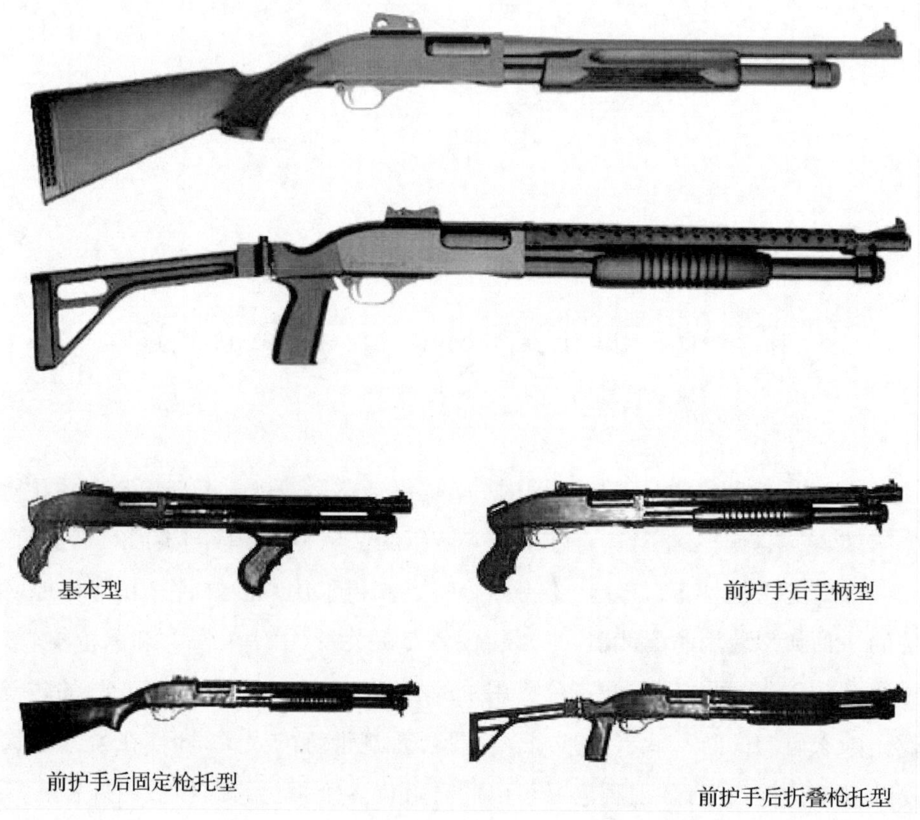

基本型　前护手后手柄型

前护手后固定枪托型　前护手后折叠枪托型

二、结构

全枪由 88 种 91 个零件组成。可分解为五大组件:机匣组件、枪管组件、游体组件、枪机组件、击发发射机组件。

三、工作原理

该枪为非自动滑膛武器，以持枪者的手为动力，完成送弹入膛、闭锁、击发、开锁、抛壳等一系列动作。

四、防暴枪的优点

1. 由于该枪口径较大，且采用手动供弹不受子弹膛压的限制，因此可开发多种弹药以适应不同的需求实现一枪多弹(一兵多弹)。可根据不同的局面，不同的目标使用不同的弹种。

目前研制的防暴弹正式列入警用装备的有四种分别为：

(1)18.4 mm杀伤弹；

(2)18.4 mm动能弹；

(3)18.4 mm痛块弹；

(4)18.4 mm催泪弹。

另外还有两种正在研制尚未正式列装，分别为：18.4 mm染色弹及33 mm催泪枪榴弹。

2. 首发命中率高。

该枪配备的杀伤弹每发弹中有22粒直径为6 mm的铅合金弹丸，在出枪口后逐渐扩散，形成一个散布面飞向目标，能够快速有效地压制敌方火力，打击敌人，因此，使用防暴枪发射杀伤弹，一般不需精确瞄准，只需概率瞄准就可以击中目标，不但出枪快而且火力猛，可以迅速使犯罪分子失去反抗能力。

3. 威力适中。

杀伤弹在50 m内可以杀伤有生目标，在50～100 m距离内也有一定的杀伤作用，它与军用武器相比，停止作用好，击中目标后弹丸速度会急剧衰减，不会在穿透目标后再对人或物造成伤害，便于在城市中使用。并且动能弹、痛块弹、催泪弹等非杀伤性弹药可适用于非法聚众闹事人群及暴乱分子，对其起到威慑、驱散、骚扰作用，达到有效控制局面的目的。

4. 使用安全性高。

全枪设计了扳机保险、到位保险、卡铁保险保证使用的安全性。

(1)扳机保险位于扳机护圈的后端，形似按钮，由枪身左侧观察，保险突出且露出红色标志圈，这时扳机保险为打开状态，反之为关闭状态。

(2)到位保险位于扳机护圈的前方，它有两个作用：

a. 若手柄向前未推到位(即未实现闭锁或闭锁不完全)时可起安全作用,这时即使扣动扳机也不会击发,从而起到到位保险的功能;

b. 压下到位保险可实现不击发开锁。

5. 勤务性好。只需一根冲子或钉子即可实现枪支的分解。

第二节　97-1 式 18.4 mm 防暴枪的使用方法

一、正确的持枪方法

左手握前手柄(97-1 式握护木),右手握持机匣尾部,拇指放在机匣左侧,食指伸直贴于机匣右侧,其他三指握扳机护圈,枪身与身体约成 45 度角,枪口斜向左上方。

二、验枪

1. 关闭扳机保险(此时,看不到红色标志);

2. 右手食指压下到位保险,左手拉前手柄(或护木)至极后位敞开抛壳窗,通过抛壳窗验看枪膛及弹仓中有无子弹,然后用手指伸入枪膛及弹仓用触摸方式再次确认;

3. 将手柄(或护木)推至极前位形成完全闭锁;

4. 打开扳机保险,扣扳机,关闭扳机保险。

三、子弹的装填(两种方法)

装填子弹时持枪人应将枪口指向安全方向,严禁枪口对人。首先应完成以下动作:关闭扳机保险,将前手柄后拉至极后位,再送至极前位,使枪处于闭锁状态。然后按以下方法和要领装填子弹。

(一)标准装弹法

动作要领:

a. 左手握前手柄(97-1 式握护木),后手柄或折叠托贴靠在右侧腰部,枪口指向安全方向；

b. 右手取出子弹，食指托子弹头部，小指抵子弹底部，其余三个手指夹持弹体，弹底朝后，用子弹头部托起输弹器，大拇指替换小指抵子弹底部，将子弹推入弹仓。

注意：子弹推入弹仓听到“咔”的一声响，说明装填到位，否则未装填到位手脱离后，子弹易跳出，或落到输弹器上，影响下一发的装填。

(二)紧急装弹法(也称单发装弹，通常不用此法装填)。

当情况紧急，枪膛、弹仓中均无子弹，需要选择弹种进行射击时，可选用此法装填，其动作要领：

a. 持枪动作同“标准装弹法”；

b. 右手食指压下到位保险，左手向后拉前手柄至极后位；

c. 右手食指通过触摸弹顶标志，将所需弹种取出；

d. 右手食指、大拇指、中指协力将子弹弹底朝后装入抛壳窗中；

e. 左手向前推手柄到极前位，子弹即已上膛，打开扳机保险即可射击。

四、瞄准和射击

97-1 式 18.4 mm 防暴枪瞄准系统采用缺口与照门，瞄准方法与军用枪相同。

采用标准装弹法装填子弹后，子弹位于弹仓内，若想射击，需右手食指压下到位保险，然后左手拉手柄至极后位，再推手柄至极前位，形成闭锁此时子弹已上膛，打开扳机保险即可射击。

标尺的选择：

杀伤弹、动能弹采用标尺为 1；痛块弹用标尺 2；催泪弹采用标尺 3。

若采用 97-1 式 18.4 mm 防暴枪精确瞄准射击时应注意：手柄距面部安全距离 20 cm 以上，防止枪后坐撞伤脸部。

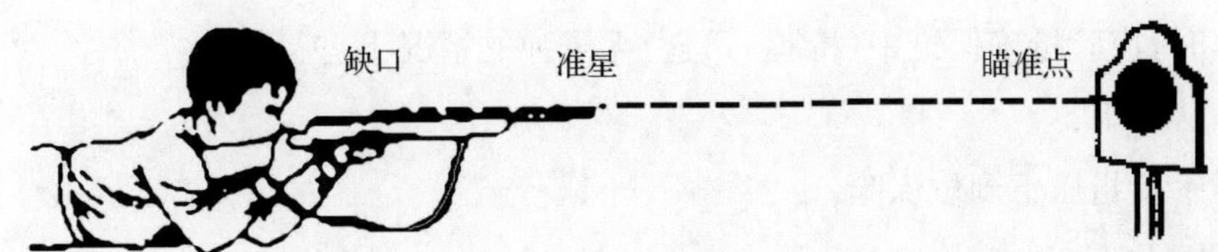

五、退弹

(a)枪口指向安全方向；

(b)关闭扳机保险；

(c)压到位保险将手柄向后拉至行程的中间位置,右手食指推起输弹器并将食指挡在弹仓口位置,然后左手将手柄向后拉至极后位,在此过程中弹仓中一发子弹退出用右手接住,然后右手食指压弹仓右侧开关片簧,每压一次退出一发弹,这样可将剩余子弹依次全部退出；

(d)退弹结束后应再次验枪确保枪中无弹。

六、换弹

97-1 式 18.4 mm 防暴枪配有多种弹药以适应不同场合。在战斗中,由于目标性质发生变化需要更换弹药,如何进行快速换弹,是掌握主动权的关键。利用后压入子弹首先击发的原理,实现换弹。

换弹的操作方法如下：

1. 换弹时膛中有弹,前手柄在极前位,取 1～2 发所需子弹装入弹仓；
2. 右手食指压下到位保险；
3. 左手握前手柄向后拉到位,膛中原有子弹退出。
4. 向前推前手柄到位,所需子弹已上膛,打开扳机保险,即可射击。

快速换弹是一种应急措施,如需更换多发,应在战斗间隙中快速退弹,重新装填。

七、维护保养方法

(一)防暴枪的分解方法

在分解时,应验枪确保枪中(枪膛、弹仓)无子弹的情况下进行。

操作方法如下：

1. 用右手食指压下到位保险；
2. 左手握前手柄向后拉到位；
3. 推前手柄到前位,使枪处于挂火状态；

4.将扳机保险压向右侧，关闭扳机保险；

5.压下到位保险；

6.将前手柄向后拉20～50 mm；

7.旋下枪管固定螺帽，左手握住机匣前至前手柄后弹仓处，防止前手柄滑动；

8.从机匣中抽出枪管，如果抽不出来可用力左右转动几下即可；

9.用手指压下左开关簧的前端；

10.同时向前推前手柄，游体组件携带枪机组件从机匣中抽出；

11.用附具中的冲子顶出前、后轴；

12.握住扳机护圈，向外拉出击发机组件；

13.当需要清擦弹仓时，用起子伸入弹仓前端弹仓帽横槽内用力向里推至能旋转90度时，慢慢退出弹仓帽，弹仓簧，输弹帽即取出。在取输弹帽时，应将输弹帽的两个槽对准弹仓的两个向内的凸起，才能取出。

(二)擦拭

18.4 mm防暴枪在每支枪包装盒内都配备一个黑色工具包，包内有组合式檫枪通条、刷头、分解工具等附具。

擦枪管时应从枪管尾端伸入刷头或擦布，将火药残渣等污物推出枪口。然后换上新擦布并蘸上少许枪油对枪管内膛进行擦拭。机匣、枪机、击发机组件用干净的棉布擦拭干净后,涂适量的枪油。

(三)结合方法

经过分解擦拭检修后的部件,按分解逆顺序即可结合。

具体操作方法如下:

1. 将输弹帽、弹仓簧、弹仓帽依次装入弹仓,用起子将弹仓帽左右转动,推入弹仓后旋转 90 度,露出锯齿;

2. 将击发机座组件中击锤挂火后,将扳机保险处于保险位置;

将击发机座组件前端先装入机匣,输弹器可伸入弹仓中;

3. 向后压入后拉到位,对准前、后轴孔;

4. 压入机匣连接前、后轴。前、后轴端面与机匣一平即可,如压不进去,可用起子后端塑料柄轻轻敲打,即可顺利装入;

5. 将枪机组件按相应位置装在游体组件上,前手柄中游体管套入弹仓管上,将枪机对准机匣上的枪机孔,这时枪机只能装入机匣一半;

6. 将枪立起,后手柄朝下,用左右手食指同时放在弹仓左右开关片簧上,左右手拇指放在游体杆上将游体、枪机组件稍微向上推起约 2～3 mm,然后用食指同时压住左右开关片簧不要马上松手,拇指压住游体支杆将游体、枪机组件向下推入机匣,然后松开左右食指;

7. 压下到位保险;

8. 将前手柄向后拉至行程的一半位置;

9. 装入枪管,将枪管尾端定位槽对准机匣中的退壳挺座前端,轻轻晃动几下可顺利装入;

10. 安装枪管固定螺帽,并旋紧,结合完毕。

(四)防暴枪分解和结合过程中的主要安全注意事项

a. 分解必须在确保枪中无子弹的情况下进行。

b. 分解时应按顺序进行,防止磕碰,以保护枪支表面钝化层。

c. 当卸下枪管之后,严禁打开扳机保险扣动扳机,否则容易造成退壳挺簧片损坏。

d. 在清洗击发发射机组件时,允许打开扳机保险,将击锤放火后清洗。扣动扳机时应注意击锤,以免伤手。

e. 当分解弹仓时,不得将起子旋转 90°时突然松手,以免弹仓帽在弹仓簧作用下冲出弹仓对人造成伤害。

注意:在擦拭过程中,应注意不要用力磕碰,对机匣内退壳挺片簧,枪机上的拉壳钩等易损零件应注意爱护，不要改变形状以免影响性能。

八、常见故障及排除方法

1. 子弹装填不到位的故障：压下到位保险，握前手柄稍用力向后拉即可。

2. 不击发：前手柄未推到极前位造成的，体现了到位保险的功能。

九、使用 97-1 式 18.4 mm 防暴枪过程中的主要安全注意事项

1. 除非是打击目标，任何情况下枪口严禁对人或其他设施。

2. 不到射击时，手指禁止伸入扳机护圈内；携行、操练时必须始终关闭扳机保险。

3. 保存过程中，不应长时间处于挂火状态，避免长期挂火造成击锤簧力减弱，影响正常使用。

4. 训练时应尽量减少打空枪，以免损伤击针。

5. 应定期进行保养。

第五章 “七九”式微型冲锋枪理论及使用

第一节 “七九”式微型冲锋枪概述

“七九”式冲锋枪(英文:Type 79 Submachine Gun,又称:1979 年式 7.62 mm 轻型冲锋枪),是我国自行设计制造的第一种轻型自动武器,1979 年 9 月设计定型,1983 年 5 月生产。

“七九”式 7.62 mm 轻型冲锋枪是我军 20 世纪 80 年代侦察兵、现今武警部队、公安特警的单兵自动化武器。它设计定型已 30 多年,到当今已生产了近 30 万支,广泛装备部队、武警、特警。该枪主要以单发和点射火力杀伤 200 m 以内敌有生目标,具有结构简单、体积小、重量轻、精度好、近距离火力强、携带使用方便的特点。该枪采用活塞短行程导气式自动原理,使用 51 式 7.62 mm 手枪弹,射速高达 1000 发/分以上,发射时后坐速度 11.5 m/s,后坐力较小,便于射击。采用枪机回转式刚性闭锁机构,回转式击锤和由快慢机控制单、连发的击发发射机构;还设有到位保险。枪身短、操作灵活、反应快,较好地为特种作战提供便利,从而弥补了手枪及步枪存在的不足。特别是在山地、丛林、短兵相接、城市巷战及解救人质的战斗中,“七九”式冲锋枪的战术地位就更加明显(见图 5-1-1)。

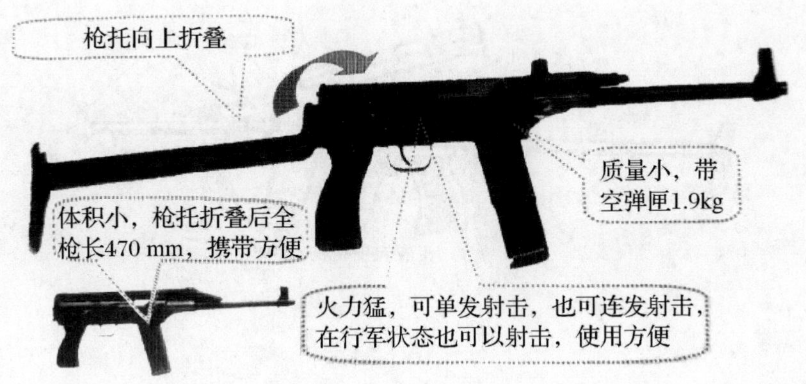

图 5-1-1

一、“七九”式冲锋枪主要诸元和性能指标

1. 口径：7.62 mm；
2. 全枪长：740 mm(枪托展开)，470 mm(枪托折叠)；
3. 全枪重：1.9 kg；
4. 枪管长：225 mm；
5. 弹仓容量：20 发；
6. 射速：1000 发/分；
7. 有效射程：200 m；
8. 初速：515 m/s；
9. 枪口动能：725 J；
10. 理论射速：1000 RPM；
11. 战斗射速：单发 40 RPM。

二、“七九”式冲锋枪结构

“七九”式冲锋枪由枪管、瞄准具、活塞、机匣、枪机、复进机、击发机、弹匣和枪托九大部分组成。另配一套附品(见图 5-1-2)。

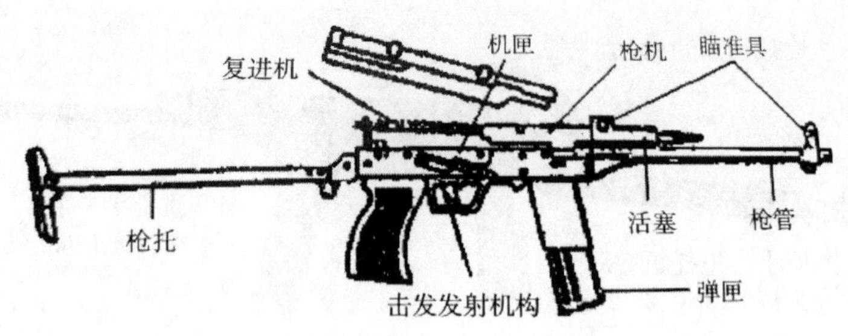

图 5-1-2

1. 枪管:用于赋予弹头的飞行方向。

枪管内是枪膛,枪膛分为弹膛和线膛。弹膛用于容纳子弹,线膛能使弹头在前进时旋转运动,以保持飞行的稳定性,线膛有四条膛线,即阴膛线,两条线间凸起部分叫阳膛线,两条相对的阳膛线间的距离是枪的口径。

枪管外有:结套,用于连接机匣和枪管:导气孔,用于引导火药气体冲击活塞;前卡销,用于固定枪托;枪管外还有背带环和限制片簧。

2. 瞄准具

由标尺和准星组成,用于瞄准。标尺为圆柱形转轮回转式,共有“1”和“2”两个分划,表示 100 m 和 200 m 射击距离。转轮可以选定标尺分划,缺口用于同视准星向目标瞄准。缺口上有护铁,防止缺口磨损。准星可以升高和降低,准星移动座可以左右移动。准星座上有护圈。

3. 活塞:活塞可以传导火药气体压力,推压枪机向后。

4. 机厘:可以容纳枪机和复进机,固定击发机和弹匣。机匣外有机匣盖,可以保护机匣内部免沾污垢:握把,扳机护圈和弹匣卡笋。

5. 枪机:由机栓和机体组成。可以送弹、击发、退壳、并能使击锤向后呈待发状态。

6. 复进机:由导杆及复进簧组成。可以使枪机复位。

7. 击发机:可以与枪机相互作用形成待发和击发。

8. 弹匣:用于容纳和托送子弹。

9. 枪托:便于携持和操枪。

第二节 “七九”式冲锋枪的使用

一、领退和交接

1. 发枪人员验枪，领取枪支的人员位于发枪人员的右后侧（见图 5-2-1）。

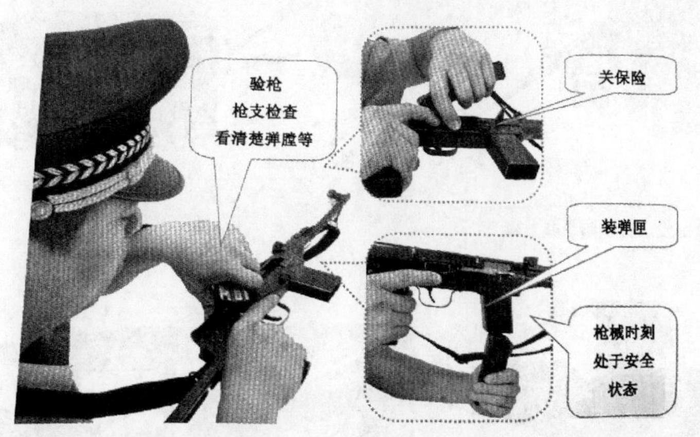

图 5-2-1

2. 领取人员接枪检查（见图 5-2-2）。

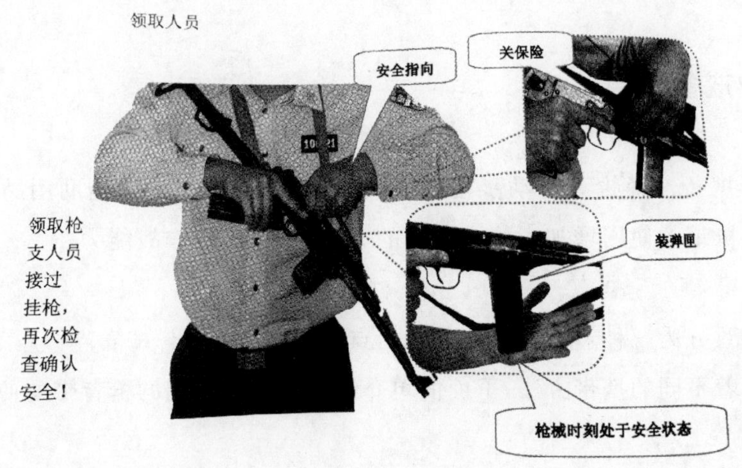

图 5-2-2

二、安全检查(验枪)

只要接触武器就必须进行安全检查和性能检查,尤其是在交接武器中,一定要检查清楚,确定枪支已退弹安全。验枪程序见图 5-2-3。

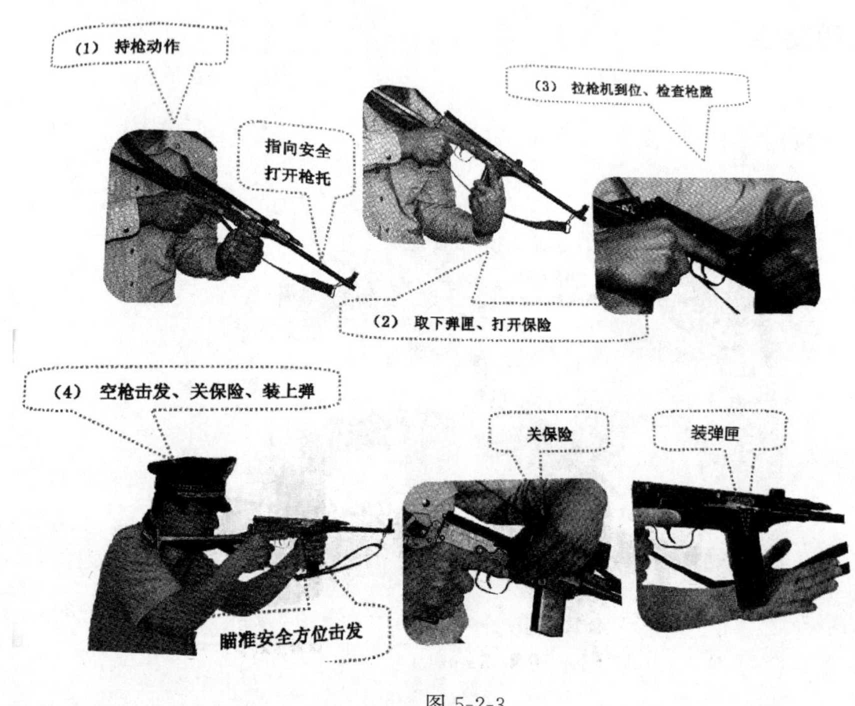

图 5-2-3

三、携带及戒备姿势

枪带是用于携行冲锋枪和自动步枪的便利工具,是携带步枪的辅助用品,可以提高安全操作的能力。枪带的使用增加了枪支操作的灵活性,提高了作战能力。

1. 枪背带携带

目前枪带大致分为三种:单点式枪背带、两点式枪背带、三点式枪背带。不同的作战形式和作战目的有着不同的携带方法,下面简单介绍以下三种常用的枪背带的使用方法:

(1)肩枪和背后挂枪(见图 5-2-4、图 5-2-5)。

图 5-2-4

图 5-2-5

(2)胸前挂枪,有单点式,两点式挂枪(见图 5-2-6)。

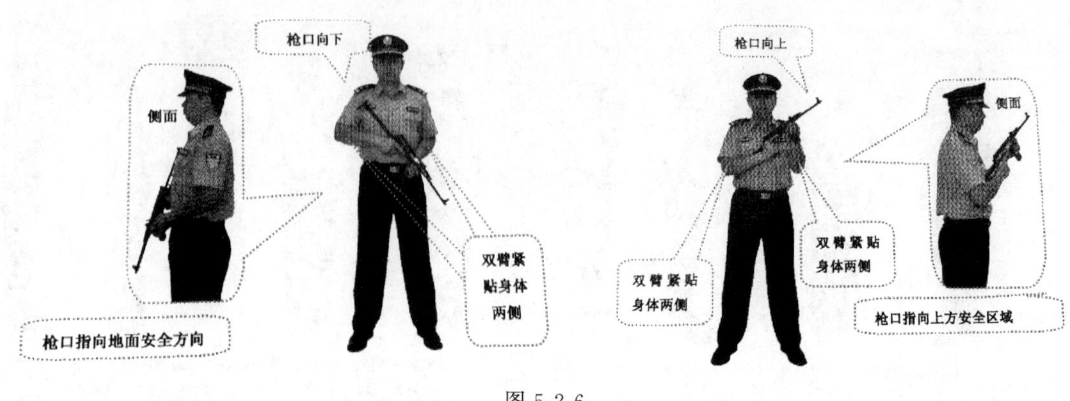

图 5-2-6

此种携带枪支的方法可以增加枪的整体固定性,可以腾出双手,能快速做出射击姿势。

特别提示:使用什么枪带没有统一的规定,使用者应该根据使用环境、战术目的来选择不同种类的枪带和携带方法。值得特别注意的是,无论何时,应注意枪口的指向。

2.无枪背带胸前持枪姿势(见图 5-2-7、图 5-2-8)。

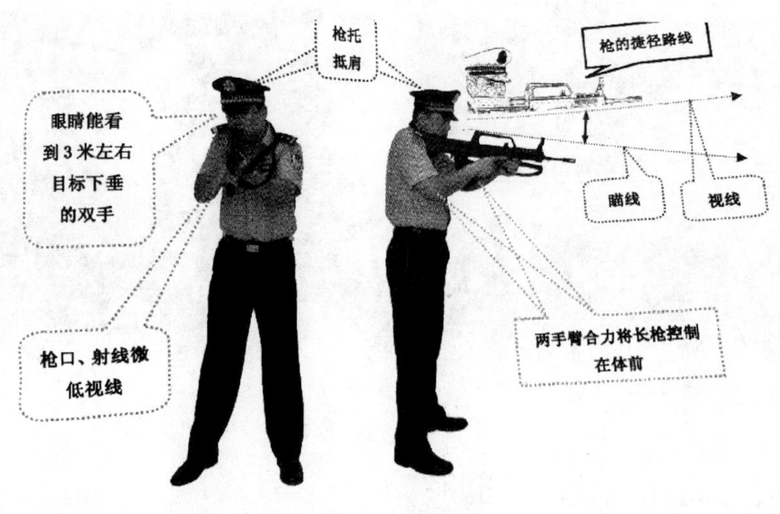

图 5-2-7

胸前持枪姿势:右手握枪握把,左手握前护木(“七九”式微冲握弹匣处),枪口指向地面,枪托贴近肩部或抵肩,两大臂贴近身体两侧,右手腕内侧贴腹部,左手腕内侧贴腰侧,将枪固定体前,随身体转动。

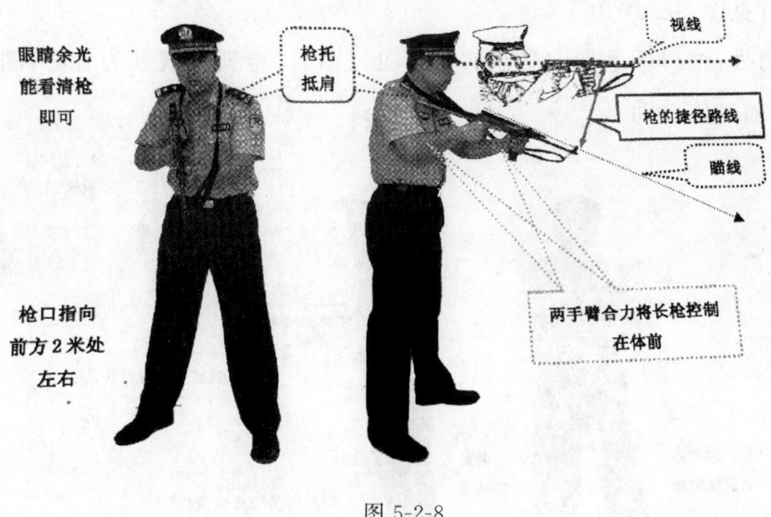

图 5-2-8

两肘自然弯曲将枪收于体前，枪口向上，右手握枪握把，左手握前护木(“七九”式微冲握弹匣处)，不阻挡视线，枪托夹于右大臂和身体之间，左大臂贴近身体，将枪固定体前，随身体转动。

3.戒备姿势

(1)平肩戒备（见图 5-2-9)。

枪托抵肩，枪口指向危险区域，不阻挡视线，在瞬间呈射击姿势或射击，枪随身体转动。

图 5-2-9

(2)低戒备(见图 5-2-10)。

枪托抵右肩处,枪口下垂指向身体前 2 m 处左右,以枪托抵肩处为轴心,随时迅速抬枪呈射击姿势,枪随身体转动。

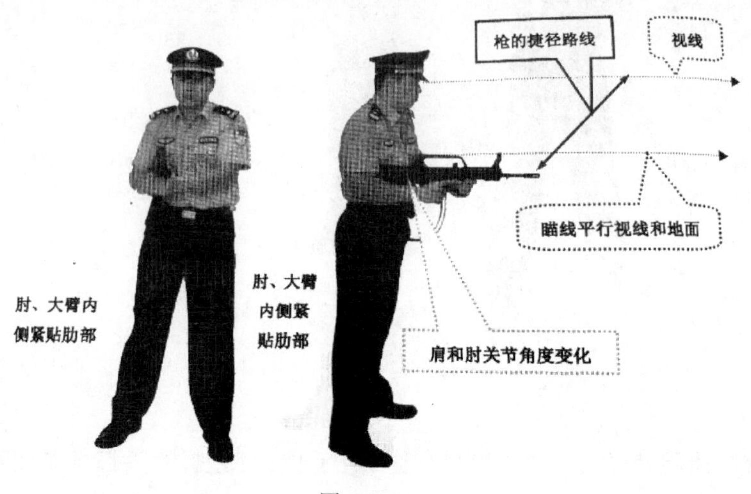

图 5-2-10

(3)高戒备(见图 5-2-11)。

右手握握把,枪托底部置于右侧腰部位置:眼睛、枪口、目标略呈一条直线,需要射击时,只需要将枪托提起到肩部位置,呈抵肩射击。在室内搜索中,前方有低于腰部的障碍物时比较适用。

图 5-2-11

(4)腹前戒备(见图 5-2-12)

适合较近距离或较长时间持枪,双手持枪在强手一侧腰前、枪的上平面平行于视线和地面的位置,视线与身体转向一致。

图 5-2-12

4.安全检查(验枪)

(1)枪口安全指向

(2)按压弹匣卡笋,退出子弹匣

(3)向后拉动套筒 2～3 次,确定枪膛内没有子弹

(4)枪口指向安全方向,空枪击发

四、保险操作

“七九”轻型冲锋枪的保险在枪身的右侧。机匣的标志“1”的位置(即最下位置)是单发,“2”的位置是连发。向上扳动到极限位置时是保险位置(见图 5-2-13)。

1.打开保险,枪身稍向左转,用弱手的大拇指向下按压即可。

2.关闭保险,枪身稍向左转,用弱手的拇指向上按压即可。

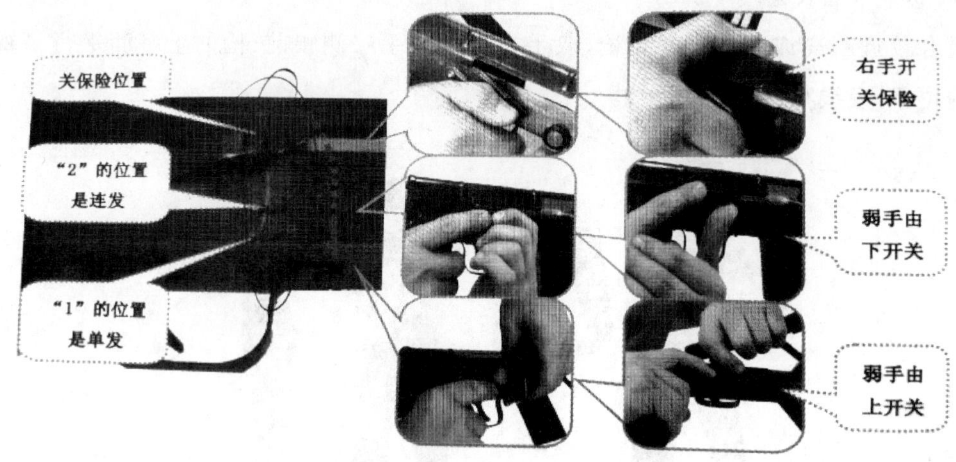

图 5-2-13

五、射击动作

(一)验枪

验枪时,将枪口指向前上方无人处,或指向垂直上方;打开保险;卸下弹匣交给左手,握于枪的一侧,右手拉机柄向后(下),检查枪内有无实弹;验完后,送回枪机,击发,关保险。

(二)装退子弹,定复表尺

1. 装子弹时,将枪口指向前上方无人处,或指向垂直上方;卸下空弹匣交给左手,握于枪的一侧,取出实弹匣装入弹匣口并卡住;拉机柄向后(下)到定位并松开,枪机推一发子弹进膛,然后关保险,将空弹匣装入弹匣套内。

2. 退子弹时,将枪口指向前上方无人处,或指向垂直上方;卸下实弹匣交给左手,握于枪的一侧,慢拉机柄向后(下),从机匣口处接过退出的子弹,将子弹压入实弹匣;取出空弹匣装入枪内,并将实弹匣装入弹匣套内;击发,关保险。

3. 定表尺时,转动表尺轮捏手,使定位销对准所需表尺并进入标定槽内。

(三)据枪、瞄准、击发

1. 据枪

(1)立姿无依托据枪。射手身体半面向右转,左脚向前迈出大半步,两脚之间的距离稍大于肩宽;左手手心向上托握弹匣下方,大臂紧靠左肋,小臂离合于枪身下方(也可左手握弹匣,大臂不靠左肋);右手虎口向前正握握把,稍向后用力,大臂自然抬起;托底确实抵于肩窝稍外侧,上体正直放松;头部自然前迎,使右腮轻贴于支架前端,右眼接近机匣后端。

(2)跪姿无依托据枪。射手身体半面向右转,左脚向前迈出大半步,右膝向右跪下,臀部坐在右脚跟上;左手手心向上托握弹匣下方(或握弹匣),左肘平面放在膝盖平面上并稍向前撑,使肘皮控制在后侧,此时,枪身、左肘、左膝、左小腿均应在同一垂直面内;右手虎口向前正握握把,稍向后用力,右臂自然下垂,托底确实抵于肩窝稍外侧,上体稍向前倾,腰部放松。头部自然前迎,使右腮轻贴于支架前端,右眼接近机匣后端。

(3)卧姿无依据据枪。射手卧倒后,左手握弹匣,小臂里合于枪身下方,左肘支地稍向前外撑,将肘皮赶向后内侧;枪身与身体右侧略成一线,两脚分开稍宽于肩,右手虎口向前正握握把,右肘支地稍向外侧,将肘皮赶向内侧,上体前移下塌,使托底确实抵于肩窝。头部自然前迎,使右腮轻贴于支架前端,右眼接近机匣后端。

据枪要领口诀是:枪与身体呈 30°,两肘着地要稳,两手自然往后带,抵肩贴腮头不歪。

2. 瞄准。

射手据枪后,先通过调整身体角度,将瞄准线概略指向目标,而后确定准星和瞄准点的位置,随之视力回收,使缺口准星的平正关系越来越清晰。如果是近距离概略射击,则在正确据枪的基础上,只要准星护圈套住目标即可击发。

瞄准要领口诀是:左眼闭,右眼睁,通过缺口看准星,准星缺口平正好,指向目标下或中。

1. 击发。

射手据枪瞄准时,当瞄准线指向目标时,射手控制呼吸,以食指单动逐渐增加对扳机的压力。随着视力回收在继续加压的同时自然屏住呼吸,在达成正确瞄准景况时完成击发。在快慢机定在点射位置时,食指扣压枪响即松开,大都为 1 发;扣到底即松开,大都 2～3 发;扣住不放则连续射击。

击发的要领口诀是:食指均匀正直压,余指力量不增加,扳机到位即松开,贴腮要正头不歪。

六、使用弹种

1951 年式及 1951 年-1 式 7.62 mm 手枪弹。

七、常见故障的排除

“七九”轻型冲锋枪在寿命试验中出现的故障率为0.08%～0.38%，低于允许出现≤0.5%的规定。但射击中仍有故障出现。可能发生的故障、原因及排除方法(见表5-2-1)。

表5-2-1

故障现象	发生原因	排除方法
不送弹	1.弹匣过脏或损坏 2.机件过脏、枪机后退不到位	1.擦拭过脏机件 2.更换弹匣
不发火	1.子弹底火失效 2.击锤簧弹力不足或击针损坏	1.更换子弹 2.更换击针或击锤簧
不退壳	1.子弹、机枪、机匣、弹膛及火药气体通路过脏,机枪后退不到定位 2.拉壳钩过脏或损坏	1.捅出弹壳 2.擦拭过脏机件 3.更换拉壳钩 4.调整调节塞的位置
断壳	1.子弹有毛病 2.弹膛过脏	1.将取壳器放入弹膛,送枪机到定位猛拉枪机取出弹壳 2.擦拭弹膛并涂油
枪机未前进到定位	1.弹膛、机匣、枪机和复进机过脏或枪油凝结 2.子弹或弹匣口变形	1.推枪机到定位 2.擦拭过脏机件 3.更换子弹或弹匣
不抛壳	1.火药气体通路过脏 2.机件过脏,枪机后退不到定位	1.卸下弹匣,取出弹壳 2.擦拭过脏机件
不连发	1.调节塞装定不正确 2.导气箍、枪机和枪匣过脏	1.正确装定调节塞 2.擦拭过脏机件

第三节 “七九”式冲锋枪维护与保养

一、分解与结合

1.分解(见图 5-3-1～图 5-3-4)。

(1)卸下弹匣:左手握机匣上方,用拇指按压弹匣卡榫按钮到位,右手向下拽弹匣即可取出。

(2)取出附品:右手拧出握把盖,从握把内取出冲子和毛刷。

(3)打开枪托:左手握表尺下方节套或握把,右手拇指向后按压前卡销使其与肩托脱离,余指向上扳起肩托,将枪托向上提起并回转至战斗状态,直至被定位销卡住。

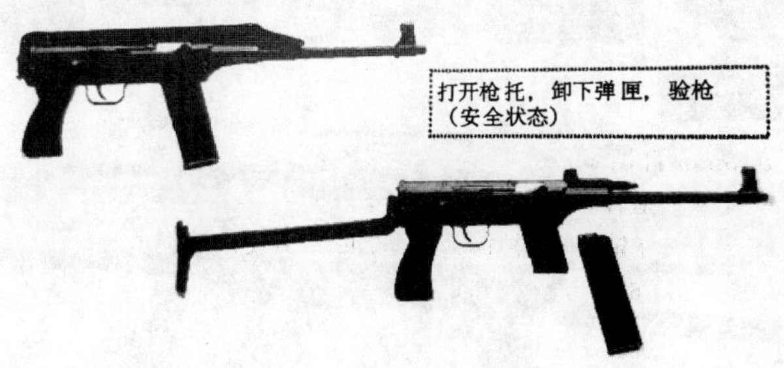

图 5-3-1

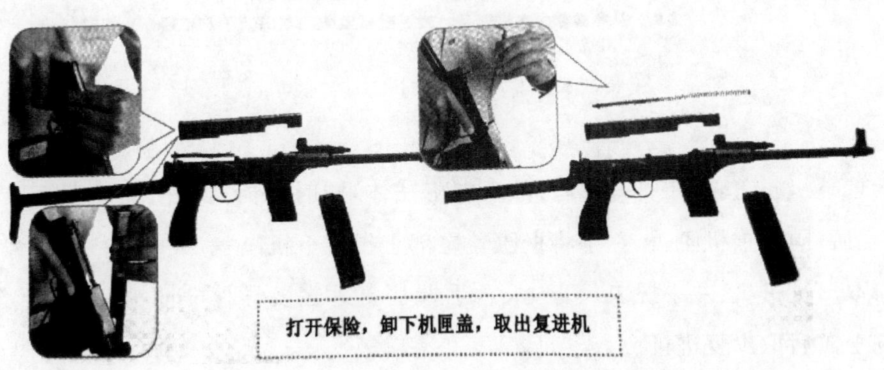

图 5-3-2

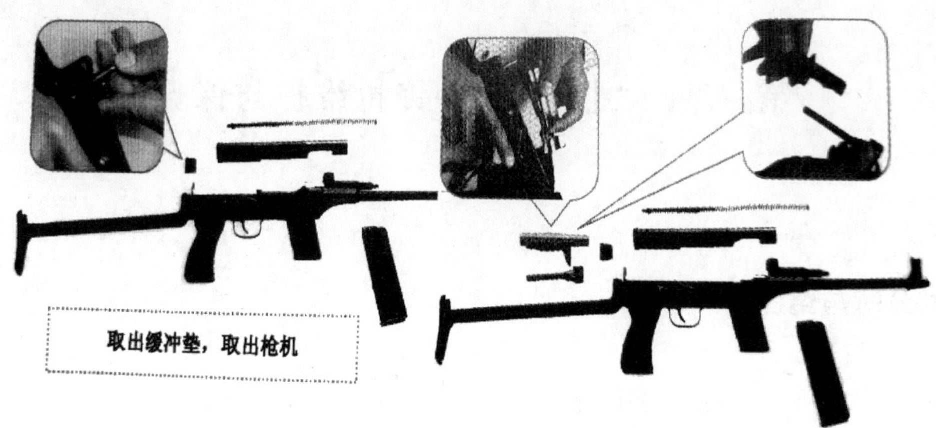

图 5-3-3

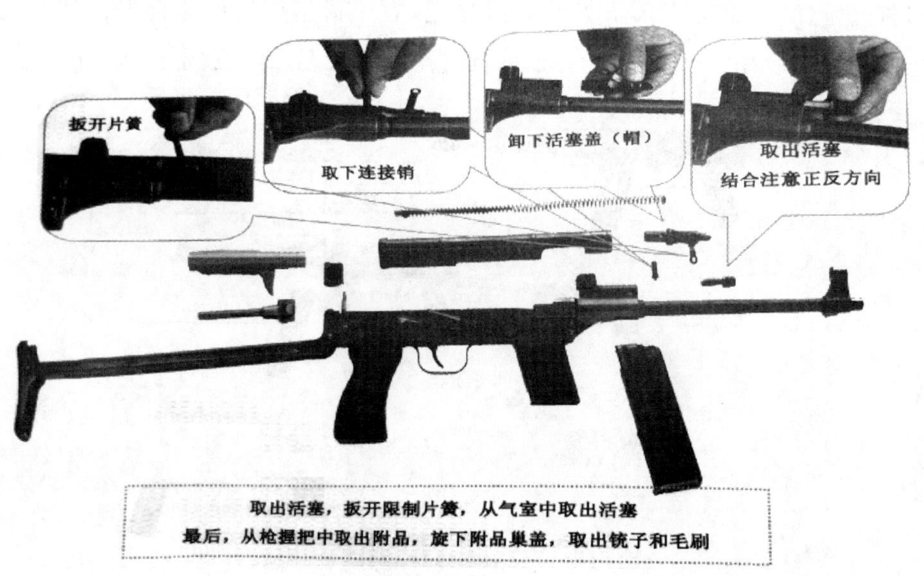

图 5-3-4

(4)取下机匣盖:右手打开保险,然后握枪托体,同时用拇指向前推复进簧导杆,使其解脱机匣盖后,向上推机匣盖,左手将机匣盖尾部上提取下机匣盖。

(5)取出复进机:左手握表尺下方,右手握住复进簧及导杆向前推,使其后端脱离机匣尾铁,向上向后取出复进机。

(6)取出缓冲垫和枪机:用右手拇指和食指在机匣尾铁前捏住缓冲垫向上取出,将机框拉到最后方,向上取出枪机部件,再从机框上取下机体。

(7)取下调节塞和活塞:左手握表尺下方,右手用冲子扳开限制簧片,再用冲子从左向右顶出调节塞销并取下;再取下调节塞,从活塞孔内取出活塞。

2.结合。

按分解的相反顺序进行。但应注意以下几点:

(1)活塞不能装倒,调节塞插销装上后应使卡簧与之套合,以防其滑脱。

(2)枪机与机框套合后,枪机必须顺时针回转,使其枪机推动面与机框体上的推动面贴靠,然后再将两者与机匣结合,装入机匣后推至最前方定位,装上机框缓冲器。

(3)结合复进机时,应扶住复进簧导杆的前端及复进簧,防止折弯复进簧,并向前推,使导杆前端进入机框的复进机孔,再使其后端套入联结座的孔内。

(4)结合机匣盖时,应先将机匣盖放在机匣上,右手使其后端向前顶住复进簧导杆的后端,并向前推压机匣盖,使其前端进入节套的机匣盖前定位槽内,再向下压其后端,使其进入尾座的机匣盖后定位槽,直至复进簧导杆后端从机匣盖的圆孔中凸出为止。

折回枪托时,右手握握把,拇指向前上定位销到定位,左手向上折回枪托,同时扳起肩托,然后食指向后压前卡销,拇指向下压肩托,做前卡销锁住肩托。

二、擦拭与保养

维护和保养好武器是一项经常性的战备措施,也是保持武器性能完全可靠和预防故障的有效方法。武器维护与保养要做到勤检查、勤擦拭,保证武器不碰摔、不生锈、不损坏、不丢失,具体方法同“92”式手枪。

1.擦拭时机

新武器使用前,武器在射击后、在执勤和训练后、较长时间携带后、受淋雨、浸水后,需要擦拭上油。不经常使用时,每周至少擦拭一次。从严寒的室外将枪带到室内时,待出水珠后再擦拭。在使用和保存期中,避免沾上污物及酸碱、盐类物质,如沾上应及时清洗、擦拭干净。

2.擦拭部位

擦拭枪膛。先在通条孔内穿上布条并将通条缠绕包紧后,由枪管后端插入枪膛。沿枪膛全长来回擦拭,擦净后再上油。

擦拭其他机件。应先擦净表面的烟渣和污垢,对孔、槽、沟等细小部位,可用竹(木)签缠上布条进行擦拭,然后薄薄地涂上一层油。

导气孔、导气箍上的活塞孔在必要时可用专用铰刀铰孔,以保证枪机有足够的后座能量及活塞运动的灵活性。

3.注意事项

不宜过量使用枪油或溶解剂浸透枪械,必须检查枪管,枪栓,撞针,导气装置。进行武器性能检查,确保操作正常。

第六章　《武器使用》考核方法及标准

一、考核要求

1. 教、考分离。即任课教师不参与本区队学生的考核与阅卷。

2. 考核内容：理论（法律法规与手枪射击基本原理）、操枪规范、实弹射击三部分。

3. 分值比例：

⑴ 总分 100 分，理论占 20%，操枪规范占 40%，实弹射击占 40%。

⑵ 操枪规范考核中两次出现严重错误动作，则为不合格。不合格者不参加总评。

二、考核评分方法

1. 理论以卷面分乘以 20%计算。

理论考核试卷设 A、B 卷，随机抽取。

2. 操枪规范最后得分乘以 40%计算。

操枪规范的具体考核步骤：

第一步：学员站在掩体右（左）侧后约二米处，枪入套，扣好枪套扣，做好准备。

第二步：在听到“开始”的口令后，拔枪做出验枪动作（完成出枪瞄的动作），待验枪完毕，慢慢将枪入套，扣好枪套扣。

第三步：之后迅速闪进、接近掩体、同时拔枪、上膛、锁定。随后发出口头警告：“警察，别动，否则开枪”大约 2 秒钟后击发一次，随后继续锁定目标做出回瞄动作。

第四步：沉枪观察，判断是否还有嫌疑人的同伙。

第五步:随后缓慢收枪于腰间,关好保险,最后将枪入套(扣好枪套扣)。

第六步:完成立正姿势后,迅速拔出枪支,打开保险,立姿击发一次(联动),随后拉套筒使枪支挂机,迅速更换弹匣(释放套筒),成跪姿击发一次后自行验枪,入套、扣好枪套扣,并报告“完毕”。

第七步:听到“验枪”口令后,再次进行验枪。

操枪规范分值表(见表 6-1)。

表 6-1　操枪规范分值表

项目	分值	扣分点
枪口指向(图 1)	20	除决定射击,一次错误扣 10 分
食指位置(图 2)	20	除决定射击,一次错误扣 10 分
拔枪、收枪(图 3)	10	视动作是否连贯、有效、实战感等扣 1~10 分
更换弹匣(图 4)	10	视动作是否快速、规范、符合实战扣 1~10 分
姿势变换(图 5)	10	视动作是否快速、规范、实效扣 1~10 分
回瞄	10	视动作是否有实战性扣 1~10 分
利用掩体(图 6)	10	视动作是否迅速、有效扣 1~10 分
上膛(图 7)	10	视动作是否迅速、到位、有效扣 1~10 分
合计	100	

注:枪口指向、食指位置动作出现二次以上错误,停止考核。成绩以零分计算。

3. 实弹射击

(1)基础射击

射击条件:　距离:25 米　靶型:胸环靶　弹数:5 发

考核标准:　命中 25 环 60 分,每增 1 环加 1 分;

命中 35 环 70 分,每增 1 环加 2 分;

命中 40 环 80 分,每增 1 环加 2 分;

命中 45 环 90 分,每增 1 环加 2 分;

命中 25 环以下,每减 1 环扣 2 分。

(2)决定射击

射击条件： 距离:10 米 靶型:区域靶 弹数:5 发

考核标准： 命中高分区每发 20 分，

命中低分区每发 10 分。

(3)快速射击

射击条件： 距离:7 米 靶型:区域靶 弹数:5 发

考核标准： 命中高分区每发 20 分，

命中低分区每发 10 分。

评分办法： 四个练习分数相加,除以 4,再乘以 40%,为实弹射击最后得分。

(4)应用射击(立、跪姿)

射击条件： 距离:15 米 靶型:部位靶 弹数:6 发

考核标准： 命中 6 发 100 分,命中 5 发 90 分，

命中 4 发 70 分，命中 3 发 60 分，

命中 2 发 40 分，命中 1 发 20 分。

(以上命中均为高分区)

武器使用考核分为理论考试、操枪规范和实弹考核三个部分。考核的目的是发现学生在理论学习以及操枪规范中存在的问题和不足,并予以改进和完善。检验学生在实战操作中心理承受能力与临场应对能力,不断提高学生使用武器的综合素质。

第七章　枪支弹药管理使用

第一节　枪支管理概述

一、枪支管理的概念、目的和意义

(一)枪支管理的概念

枪支管理，是指为保障公共安全，依法负有枪支管理职责的国家专门机关根据现行法律法规，对枪支的制造配售、储存运输、配备(置)、使用、销毁等环节实施的行政审批、日常监督管理及查处违反枪支管理法律法规行为等一系列活动。

在我国，枪支既是军队、公安机关和其他安全保卫机关保护国家安全，维护社会治安秩序，打击违法犯罪的重要武器装备；又由于其所具有的杀伤特性，成为违法犯罪分子极力搜寻的违法犯罪工具，如果管理不当，被违法犯罪分子得到，极易被利用来影响社会治安秩序，甚至严重威胁公共安全。因此，枪支管理法规定，除中国人民解放军、中国人民武装警察部队装备枪支适用军队武器装备方面的法律法规管理，民兵装备枪支适用国务院、中央军委联合发布的《民兵武器装备管理条例》管理外，禁止任何单位或者个人违反法律规定持有、制造(包括变造、装配)、买卖、运输、出租、出借枪支。

为保证枪支管理活动得以正确实施，国家通过立法确定了负责枪支管理工作的专门机关，并以法律形式赋予专门机关枪支管理的职责和权限，保证枪支管理机构的统一、权威，防止政出多门和管理环节上的随意性。枪支管理法第 4 条规定，“国务院公安部门主管全国的枪支管理工作。县级以上地方各级人民政府公安机关主管本行政区域内的枪支管理工作”。人民警察法也规定公安机关的人民警察按照职责分工，依法应当履行管理枪支弹药、管制刀具和易燃易爆、剧毒、放射性等危险物品的职责。

国务院公安部门和各级人民政府公安机关，按照职责分工依法运用行政审批、监督指导、安全检查和案（事）件查处等多种行政管理手段对公务用枪的配备和配置、民用枪支的制造和配售、枪支的日常管理、枪支的运输、枪支的入境和出境，以及依照法律规定追究违反枪支管理行为的法律责任等各项涉枪事务进行统一管理。上级人民政府公安机关监督下级人民政府公安机关的枪支管理工作，即上级公安机关对下级公安机关执行枪支管理法律法规和上级有关枪支管理的决定、命令的情况享有监督权，并有权决定或变更下级公安机关作出的关于枪支管理的决定和命令。

公安部作为全国枪支管理工作的最高领导机关，其职责主要包括：会同其他有关国家机关制定配备公务用枪、配置民用枪支的具体办法和政策（包括单位和个人为开展游艺活动配置枪支，制作影视剧使用的道具枪支，博物馆、纪念馆、展览馆保存或者展览枪支等具体管理办法）；审批配备公务用枪和专门从事射击竞技体育运动的单位和营业性射击场配置射击运动枪支；审批制造民用枪支的企业及其制造、配售民用枪支的年度限额；定期检查制造，配售民用枪支企业的情况；对地方公安机关的枪支管理工作进行监督和业务指导；会同国务院有关业务主管部门组织实施民用枪支的研制和定型；指导、协调、承担查处涉枪违法违规案件和事件。

地方各级公安机关的职责主要包括：依法对下级公安机关在铁路、交通、民航、林业等专门公安机关的枪支管理工作进行监督和业务指导；审批枪支的配备、配置；审查、制发公务用枪持枪证、枪证和民用枪支持枪证等枪支管理证件，审查、核发枪支运输证、携运证；定期检查制造、配售民用枪支的企业制造、配售、储存和账册登记等情况，检查配备、配置枪支的单位枪支安全管理工作落实情况；对枪支实行日常监督管理，对持枪人员定期进行培训，组织收缴、销毁非法枪支及报废枪支，具体执行枪支查验制度，根据维护局部地区社会治安秩序的特殊需要，经国务院公安部门批准，对该地区合法配备、配置的枪支采取集中保管等特别管制措施；对枪支管理工作中出现的新情况、新问题进行调查研究；对违反枪支管理规定的行为依法进行调查处理。

此外，根据相关法律法规的规定，涉枪系统、行业单位对本单位枪支、枪支主要零部件及涉枪活动负有管理职责。配备、配置枪支的单位，必须明确枪支管理责任，指定专人负责，应当有牢固的专用保管设施，枪支弹药应当分开存放。对交由个人使用的枪支，必须建立严格的枪支登记、交接、检查、保养等管理制度,使用完毕,及时收回。军工、金融、国家重要仓储、大型水利、电力、通信工程、机要交通系统等依法配备守护、押运公务用枪的单位应当承担枪支及涉枪活动的管理职责。应当建立、健全各项枪支管理责任制度;对经批准的持枪人员进行法制和安全教育、培训,对枪支的保管和使用情况进行经常性的检查;按照规定配备枪支保管和防盗报警设施;落实有涉枪活动的单位、部门的主管责任。

(二)枪支管理的目的

世界上任何一个国家管理枪支的目的都无非是要保证涉枪活动正确、合法,消除公共安全隐患,防止或尽可能减少发生涉枪案件和事故,维护社会治安秩序。

1. 保证涉枪活动各环节正确、合法

这一目的包括两层含义:

其一,保证枪支的配备和配置、制造和配售、日常管理、运输、入境和出境等各项涉枪活动的主体应当是法律所明确授权并依法定程序获得涉枪活动资格的人。枪支管理法第5条第1款规定:"公安机关、国家安全机关、监狱、劳动教养机关的人民警察,人民法院的司法警察,人民检察院的司法警察和担负案件侦查任务的检察人员,海关的缉私人员,在依法履行职责时确有必要使用枪支的,可以配备公务用枪。"第7条规定:"配备公务用枪,由国务院公安部门统一审批。配备公务用枪时,由国务院公安部门或者省级人民政府公安机关发给公务用枪持枪证件。"涉枪活动的主体合法,是保证涉枪活动各环节正确、合法的前提和基础,可以保证枪支及其零部件为符合法定条件的人所掌握。

其二,保证合法的涉枪活动主体依法进行各项涉枪活动。合法的涉枪活动主体只有依法进行各项涉枪活动才能保证涉枪活动的正确、合法。因此,涉枪活动的单位和人员应当在配备和配置枪支、制造和配售民用枪支、管理和使用枪支、运输枪支及其零部件,以及枪支的出入境活动中明确职责,遵守法律法规和相关规定,建立、健全、落实各项规章制度,坚持监督检查,妥善保管,确保枪支的安全。

2. 防止发生涉枪案件和事故

由于枪支具有较强的杀伤力,因此,犯罪分子总是千方百计制造、买卖、运输、储存、私藏和走私、盗窃、抢劫、抢夺枪支,利用其进行杀人、抢劫、强奸,甚至制造劫机、劫船等政治性的重大暴力案件。近年来,涉枪案件和事故的数量呈上升趋势,一些不法分子受经济利益驱动,铤而走险非法制造、买卖枪支。非法制造枪支的品种从仿54式、仿64式手枪,发展到仿冲锋枪、小口径运动枪、猎枪等;边境走私贩卖枪支犯罪问题也比较突出,大量制式枪支流入内地,再流散到各地。社会上枪支非法持有量的增加,扰乱了枪支管理秩序,严重威胁到社会的稳定。与此同时,部分涉枪单位和人员思想麻痹,未落实枪支安全管理制度,导致枪支丢失、被盗的重大涉枪事故和因枪支缺乏日常维护、使用不当造成的伤亡事故也时有发生。这些涉枪案件和事故不仅严重危害公共安全，破坏社会治安秩序，给公民的生命财产和国家安全造成重大损失和威胁，而且还会产生重大的政治或国际影响，损害国家声誉，甚至影响社会稳定。各涉枪活动主体应依照枪支管理法和其他法律法规及有关规定，加强枪支管理，严格管理、正确使用枪支，切实增强依法管枪、依法用枪的自觉性；建立、健全枪支管理方面的规章制度，建立起层层负责、层层落实的枪支管理工作的责任制，将责任明确到人，加强对管枪、用枪人员的法制教育，严格执行审批制度，努力避免因枪支管理各环节未依法甚至违法行为给社会和公民造成不应有的危害，防止发生各类涉枪案件和涉枪事故，防止违法犯罪分子利用枪支进行破坏活动，维护社会治安秩序，保障人民生命财产安全。

（三）枪支管理的意义

1. 有利于维护国家安全

鉴于枪支的功能和特性，任何社会性质的统治者都会采取一定的方式方法对其实施管理，以维护统治地位，保证政权的稳定性。在我国，枪支是人民武装力量装备的重要组成部分，是反击侵略、保卫国防、镇压敌人、维护社会治安秩序、保障人民生命财产安全、保卫社会主义现代化建设事业顺利进行的重要武器。但是，枪支一旦落入犯罪分子手里，就会被用来反对人民民主专政、破坏社会主义现代化建设事业，危害人民生命财产安全。当前，国内外敌对势力、恐怖分子和民族分裂分子互相勾结，对我国的破坏活动从未间断；一些危害国家安全的犯罪分子和破坏社会主义现代化建设的严重刑事犯罪分子总是千方百计制造、买卖、盗窃、抢夺、抢劫枪支，实施杀人、抢劫、强奸、劫机等严重暴力犯罪，不仅危害公共安全，破坏社会秩序稳定，并且严重威胁国家安全。据统计，2006 年，全国共立涉枪案件 8718 起。其中，以枪支作为犯罪工具的持枪杀人、伤害、抢劫、强奸案件 1463 起；以枪支作为犯罪对象的非法制造、买卖、持有私藏、运输、储存等 13 种案件 7232 起。因此，强化枪支管理，对确保依法制造、销售、储运枪支，合理配备、配置枪支，保证配枪人员按规定合法持有和正当使用枪支，充分发挥枪支打击敌人、保护人民，维护国家安全的作用，消除影响国家安全的因素，保卫社会主义现代化建设具有极为重要的意义。

2. 有利于维护社会治安秩序，保障公共安全

枪支本身所具有的性能和特点，决定了枪支一旦流散到社会被利用进行犯罪活动，必然是危险性大、突发性强，难以防范。因此，犯罪分子也总是千方百计地寻找、盗窃、抢夺枪支，利用枪支进行抢劫等犯罪活动，甚至制造劫机、劫船等恐怖活动，严重扰乱社会治安，危害人民生命财产安全。从近年来发生的涉枪案件看，枪支的来源主要有走私团伙从境外贩

运过来的;有战争年代和“文革”时期遗留下来没有收缴的;有非法作坊加工制作的;也有一些因配枪单位和人员责任心不强,枪支管理不严,致使枪支丢失、被盗、被抢,落入犯罪分子手中的。因此公安机关应严格枪支管理,及时发现、捣毁非法制枪窝点,加紧收缴流散在社会上的非法枪支,加大枪支的管理力度,严格落实公务用枪和民用枪支的各项管理制度,防止枪支丢失、被盗、被抢。这些严格枪支管理的举措,堵源截流,不给犯罪分子可乘之机,对于防止犯罪分子利用枪支进行犯罪活动,避免各类恶性暴力案件的发生,维护社会治安秩序,保障公共安全,意义十分重大。

3. 有利于保障枪支的正当使用,促进社会主义建设事业发展

为维护和促进社会主义建设事业发展,因工作需要,有许多部门和行业依法必须配备(置)枪支,有许多人必须持有枪支。例如,公安机关、国家安全机关,人民检察院因侦查犯罪案件、追捕犯罪嫌疑人的需要;司法机关押解、看管罪犯的需要;重要科研部门、机要单位、重要工矿企业保密、保卫工作的需要;银行押运现金、金银珠宝和守护金库的需要;以及野生动物保护与保障农牧业生产的需要等,都要使用枪支。如果管理不严或使用不当,杀伤力巨大的枪支极易丢失、被盗或造成伤亡事故,给社会带来危害。近年来,暴力袭击执法人员的事件增多,一些犯罪分子抢劫枪支,持枪拒捕,对执法人员的生命安全构成严重威胁。部分持枪人员安全防范意识和自我保护意识差,缺乏正确使用枪支的正规训练,造成不必要的牺牲和损失,留下惨痛的教训,很值得我们反思。此外,配备公务用枪人员滥用枪支的案件也时有发生,如酒后开枪致人死亡,执行公务当中枪支使用不当造成伤亡事故等。因此,严格日常枪支管理,加强对持枪人员的培训、考核,提高其法律和业务素质,严肃查处涉枪违法犯罪行为,对预防伤亡事故的发生,保障枪支的正当、合法、安全使用,创造和谐稳定的社会环境,促进社会主义建设事业发展,也具有非常重要的意义。

二、枪支管理的基本原则和法律依据

(一)枪支管理的基本原则

原则是人们说话和行事所依据的法则或标准。原则对人们的活动具有指导作用,它规范人们观察和处理问题的立场、方向和界限。原则随着事物的变化、社会生活和人们认识的发展而发展、变化,但在一定时期和范围内又对人们观察、认识和处理问题具有指引和导向作用。

枪支管理原则,是指体现枪支管理目的,贯穿于全部涉枪活动中,指导所有枪支管理活动的标准。这一概念有两层含义:

其一，枪支管理原则体现枪支管理目的。既然原则对人们的活动具有指导作用，规范人们观察和处理问题的立场、方向和界限，当然应当体现人们行为的目的。枪支管理目的在上一节中我们已述及，即维护社会治安秩序，保障公共安全。其具体内容是保证涉枪活动各环节正确、合法，防止发生涉枪案件和事故，这是一切涉枪管理活动的出发点和归宿，枪支管理原则必须充分体现由上述具体内容所构成的枪支管理目的。

其二，枪支管理原则贯穿于全部涉枪活动中，指导所有枪支管理活动。从枪支管理原则的适用范围来看，所谓全部涉枪活动，是指关于枪支管理的立法、执法和守法的全部活动，即枪支管理原则不仅指导和规范枪支管理的执法活动，而且指导和规范枪支管理的立法活动，指导和规范枪支制造企业依法制造和配售枪支的活动，依法配备和配置枪支的行业（系统）、单位和人员对枪支的日常管理和使用枪支的活动。因此，运用枪支管理原则的主体包括：

(1)枪支管理的立法部门及其人员。他们运用枪支管理原则，指导制定枪支管理法律、法规、部门规章和地方法规的活动，保证枪支管理法律的统一性。

(2)国家各级枪支主管部门及其人员。他们运用枪支管理原则，保证在枪支管理各环节中准确、公正、有效地执行枪支管理的法律、法规。

(3) 依法进行其他涉枪活动的行业（系统）、单位及其人员。他们在枪支管理原则的指导下，掌握枪支管理的法律、法规，严格遵守各项枪支管理制度，保证各项涉枪活动的正确、合法。

枪支管理原则的具体内容主要有：

1. 依法管理原则

所谓依法管理，是指依法负有枪支管理职责的主管部门及其人员严格按照枪支管理的法律、法规实施各项枪支管理活动。依法管理是枪支管理的根本保障，其最终目的是保障安全。

在枪支管理中坚持依法管理，首先，这是由枪支的特殊性所决定的。从枪支的自然属性来看，它是一种杀伤性武器；从枪支的社会属性来看，它是一把双刃剑，既可以用于保护国家不受外敌侵犯，维护社会治安秩序，打击违法犯罪，也可以作为侵略或实施暴力犯罪的工具。枪支的这种特殊性决定了要由国家运用强制力，利用法律、法规的权威性和约束力评价、指引、教育、规范人们的涉枪活动，惩罚、制裁涉枪违法犯罪行为，减少因涉枪案件和事故而导致的对社会的危害。其次，枪支管理属于国家行政管理，依法治国的法治原则要求行政权力应严格依法行使，因此，枪支管理必须法制化，必须根据法定的权限、司遵循法定程序进行，及时制止、纠正、处罚违反枪支管理的行为。即枪支管理要实现有法可依，有法必依，执法必严，违法必究，保障人民生命、财产的安全。

贯彻依法管理原则要做到：

首先，进一步完善以枪支管理法为主体的、与现代枪支管理水平相适应的我国枪支管理法律制度体系，用法律、法规调整和规范枪支管理工作。目前，枪支管理法律依据缺失或操作性差问题较突出。例如，现行法律、法规缺少民用枪支进出口，公务用枪和零部件制造、销售、购置，枪支质量检验、商标专利、售后服务等方面的规定；枪支的含义和分类、管理体制、民用枪支购置和销售规定不明确；等等。自 2004 年 7 月 1 日行政许可法施行以来，涉及枪支管理许可方面法律规范缺失的诸多问题更明显地暴露出来。因此，必须通过制定与枪支管理法相配套的行政法规、部门规章对枪支管理法的法律内涵进行拓展和诠释，形成一套以法律、行政法规、部门规章为内容的，关于我国枪支管理工作比较完备的法律体系，把枪支管理活动纳入到法制化的运行轨道中，切实做到有法可依，以法律的规范性保证枪支管理的有效性。

其次，制定枪支管理制度的具体标准和规范，保证各项枪支管理法律、法规能得以贯彻。制定与枪支管理法律、法规配套的实施细则，制定和完善公务用枪配备审批。民用枪支制造、配售限额等审批事项的工作规范，做好枪支管理法律、法规贯彻指导工作，使枪支管理的每一项措施的实施都有法可依，保证枪支管理执法的统一、公正、严格。

再次，完善枪支管理工作机制，明确枪支管理主管部门的职责，保证法律、法规的正确贯彻与实施。建立健全枪支管理协作机制和信息通报制度，依法确定各级枪支管理部门的职能范围以及枪支管理人员的职责权力，避免在枪支管理执法中出现职责不清责权不明、侵权越位、推诿扯皮的现象，确保枪支管理行为的合法性，保证枪支管理执法任务的完成。

最后，做到有法必依，执法必严。枪支管理执法人员在处理枪支管理工作中出现的问题时，必须严格依照有关的法律、法规进行。为此，要做到：一要学法、懂法、吃透法律精神，及时发现枪支管理中的违法行为；二要提高执法水平，准确适用有关的法律、法规；掌握并严格执行枪支管理中的各项技术标准和规范、制度，保证枪支管理的主体、程序和具体行为都符合法律规定的条件。因此，可以通过举办枪支管理业务培训班，规范配枪单位对持枪人员的培训，提高枪支管理执法人员素质，确定枪支管理工作评价考核指标，推广先进管理经验，树立先进典型等途径实现这一目标。

2. 科学管理原则

所谓科学管理，是指根据枪支的特性，在法律规定的范围内，广泛应用现代管理理论，采用现代管理方法和现代科学技术手段，合理使用人力、物力，形成符合客观规律的、高效率的枪支管理机制。

贯彻科学管理原则要做到：

首先，坚持科学的枪支管理制度和程序。制度可以规范人们的行为，枪支管理制度可以保证涉枪人员管枪、用枪的一切活动限制在法律、法规规定的范围内。应当建立和完善的枪支日常管理制度包括：值班制度，枪库双人双锁制度，专人专管制度，登记制度。科学的管理程序可以使枪支管理工作有条不紊地进行，提高枪支管理的工作效率。

其次，坚持科学的枪支管理工作体制。现代枪支管理工作体制应当是一个按照系统方法组成的相互联系、相互制约的有机统一体。它包括高效的审批系统、严密的日常管理系统、有力的监督系统。

最后，提高枪支管理科技含量，提高工作效率。运用科学的现代化枪支管理手段，包括现代化的枪支管理技术，现代化的枪支管理设施、设备。加快枪支管理信息系统建设工作，形成多层级枪支管理信息网络，对每一支枪的全部信息及活动轨迹实现全程跟踪，对掌握造枪技术涉嫌私造枪支、涉嫌非法贩卖枪支等人员情况全部及时录入枪支管理信息系统，实行动态监控。健全涉枪违法犯罪情报信息收集、研判、交流和反馈工作机制，重点加强对涉枪犯罪案件多发地区和网上贩卖枪支弹药的情报收集。实现全国信息共享，快速检索查询，为规范枪支监管提供服务。加强对枪支监管人员和依法配枪人员的技术培训工作，提高枪支管理工作的水平。

3. 严格管理原则

枪支具有危险性和危害性，任何一个环节如果管理不善，使用不当，都容易造成严重损失，这就决定了对枪支必须坚持严格管理的原则，没有严格管理，保障安全就难以实现。严格管理原则也是我国枪支管理指导思想的具体体现。

贯彻严格管理原则要做到：

首先，公安机关枪支管理部门做好枪支管理的组织和监督检查。枪支管理法第 4 条规定："国务院公安部门主管全国的枪支管理工作。县级以上地方各级人民政府公安机关主管本行政区域内的枪支管理工作。上级人民政府公安机关监督下级人民政府公安机关的枪支管理工作。"各级公安机关枪支管理部门和民警要牢固树立"枪支管理工作无小事"的观念，充分发挥职能作用，切实加强对枪支管理工作的组织和监督检查。根据枪支管理法律法规，严格制定和实施枪支管理行为规范；严格、规范地实施行政许可；严格按照有关法规和标准组织对枪支管理工作的检查、评价和指导，通过对枪支管理情况的安全检查，消除治安隐患；组织对管枪和配枪人员的教育培训，提高涉枪人员基本素质；通过实施区域专项整治和枪支特别管制措施，调查违反枪支管理规定的行为，实施行政处罚或移送起诉工作，严厉打击涉枪违法犯罪行为。同时，协调建立警种区域协作联动机制，组织建立相关部门定期会商制度和定期召开工作协调会。

其次，严格公务用枪涉枪系统、行业单位内部管理。

一要把好选人、用人关。枪支管理最根本的还是对管枪人、用枪人的管理，因此，管好管枪和配枪人员是确保枪支安全的前提。要严格配枪人员的资格审查。有违法违纪行为,有酗酒、暴力习惯,心理不健康、情绪波动较大人员坚决不配枪;要严格控制配枪范围。要本着:"在依法履行职责时确有必要使用枪支"的原则,严格执行配发枪支规定,不能超范围配枪;要定期清理检查配枪情况,对已不具备配枪资格、考试不及格、枪支管理出现严重问题人员,要坚决收回枪支及有关证件,消除隐患。同时,增强涉枪人员安全防范意识和责任意识,是杜绝发生枪支问题的根本保证。因此,要按照枪支管理使用的有关规定,使管枪和配枪人员能掌握枪支理论知识和枪支管理法律、法规、制度;组织管枪和配枪人员开展训练,提高管枪、用枪水平;做好安全教育。组织管枪、配枪人员对照制度、规范,查找漏洞、隐患,用反面实例开展教育活动,不断强化管枪和配枪人员在保管、携带、使用过程中的安全防范意识;做好宗旨、法制和禁令学习教育。要对管枪和配枪人员开展宗旨教育,引导他们正确认清管枪和配枪的目的、作用、意义和责任,消除持枪要特权、要威风的思想。

二要落实管理制度、从严管理。按照国家的有关法律、法规和技术标准,从严管理,完善和严格执行枪支日常管理的各项制度和规程,防止发生和减少不合法、不安全或可能导致安全隐患的涉枪行为,是防止发生涉枪事故、案件的根本措施。涉枪单位、行业(系统)应当建立健全谁主管谁负责、主要领导负总责的逐级负责管理监督机制;应当落实枪支集中保管和申领审批制度。做到执行任务时领取枪支,必须经领导审批把关,完成任务后,及时交回并验枪登记。应当严格执行佩带枪支有关规定。非工作需要严禁携带、使用枪支。非工作需要不得携带枪支进入禁止携带枪支区域。携带枪支做到枪不离身。使用武器涉及人身健康和生命、财产安全,稍有不慎,将造成无法挽回的损失。因此,使用枪支必须在法律、法规的授权范围内,符合法定情况和合法程序,必须遵守不准使用武器的禁则,必须坚持以制止违法犯罪行为,尽量减少人员伤亡、财产损失为原则,做到合法、准确、及时、适度,杜绝滥用和违法使用枪支问题发生。

三要注意发现和消除枪支流转中的各种不安全因素,积极采取有效的措施,防患于未然,有效预防、减少和避免各类违反枪支管理行为的发生,保障经济建设的顺利进行和人民生命财产的安全。为防止枪支丢失、被盗和被抢,枪支的保管和运输都必须有严密的安全设施,要确保有铁门、铁窗、铁柜、双人双锁、专用车辆等,要严格执行 24 小时值班看守制度以保障安全。

最后,严格其他涉枪人员和涉枪活动的管理。包括:取得《民用枪支持枪证》的人员,以及各类配置枪支单位的射击教员、教练员、运动员、训练人员等;涉枪活动中的控制岗位专职人员,如枪支保管员、押运员、营业性射击场和狩猎场的射击服务人员等;涉枪行业活动中操作岗位人员,如枪支弹药制造、维修、科研、教学、展览等行业活动中的直接接触枪支弹药的人员;涉枪支易业务人员,如枪支弹药制造、配售企业和进出口贸易企业的涉枪支业务人员;其他临时接触枪支弹药的人员,如射击课程、军训活动中的学生,承接枪支销毁业务的单位中接触枪支的操作人员;等等。

(二)我国枪支管理与使用的主要法律依据

我国政府历来高度重视枪支管理工作,从新中国成立至今,已先后制定颁布了《枪支管理暂行办法》(1951 年,已废止)、《中华人民共和国枪支管理办法》(1981 年,已废止)、《中华人民共和国枪支管理法》(1996 年),制定了多个层次和类别的一系列有关法律、法规和规章制度,为严格枪支管理提供了重要的法律依据。

1.关于枪支管理的主要法律

(1)《中华人民共和国枪支管理法》

我国现行的枪支管理法是 1996 年 7 月 5 日第八届全国人民代表大会常务委员会第 20 次会议通过,同年 10 月 1 日起开始施行的。该法律共八章 50 条,对枪支管理的对象、管理体制、配枪范围、管理机关以及枪支制造、配售、配购,枪支的配备和配置,枪支的日常管理,枪支的运输,枪支的入境和出境等作了规定,并明确了涉枪违法犯罪行为的种类和处罚规定。枪支管理法施行二十余年来,对加强枪支管理、维护社会治安秩序发挥了重要作用。它是新中国成立以来第一部效力级别最高的枪支管理的法律,是制定其他枪支管理法规和开展枪支管理工作的基本法律依据。

(2)《中华人民共和国人民警察法》

1995 年 2 月 28 日,第八届全国人民代表大会常务委员会第十二次会议通过的《中华人民共和国人民警察法》规定了人民警察的职权、义务和纪律、组织管理、警务保障、执法监督、法律责任等内容,其中对人民警察依法管理枪支的权力和职责、依法配备、使用枪支的权利及义务都作了规定,是指导人民警察依法行政和正当、合法配备、使用枪支的法律依据。

2.关于枪支管理的主要行政法规

(1)《中华人民共和国人民警察使用警械和武器条例》

1996 年 1 月 16 日国务院令第 191 号发布施行的《中华人民共和国人民警察使用警械和武器条例》是人民警察法的配套法规之一,是人民警察履行职责、行使职权的重要法律保障。该条例对人民警察使用武器的法定条件——即可以使用武器的情形,不得使用武器的情形,应当停止使用武器的情形,以及使用武器后的现场处置、注意的事项和法律责任等都做了明确、具体的规定。该条例对人民警察规范使用武器,防止滥用枪支,提高执法水平,起到了积极的作用,被列为人民警察上岗培训、警衔晋升培训以及岗位与业务培训的重点内容。

(2)《专职守护押运人员枪支使用管理条例》

2002年7月27日国务院令第356号公布施行的《专职守护押运人员枪支使用管理条例》是专为承担国家重点要害部位的守护以及金融、重要物资的押运任务的专职守护、押运人员制定的。该条例共18条,明确规定了专职守护、押运人员配备、使用公务用枪的条件,审查手续,配枪目的,可以使用枪支的紧急情形,应履行的义务,应承担的法律责任,以及公安机关应当履行的检查、监督职责等。该条例对于加强守护、押运公务用枪的管理,规范专职守护、押运人员依法配备公务用枪,正确使用公务用枪,切实保障守护、押运目标的安全,具有非常重要的意义,是一部十分重要的法规。

3.关于枪支管理的司法解释

(1)最高人民法院《关于办理非法制造、买卖、运输非军用枪支、弹药刑事案件适用法律问题的解释》

1995年9月20日,最高人民法院印发《关于办理非法制造、买卖、运输非军用枪支、弹药刑事案件适用法律问题的解释》(法发〔1995〕20号),明确了非军用枪支的概念,并对非法制造、买卖、运输非军用枪支及其零部件、弹药定罪量刑的标准作了具体规定。

(2)最高人民法院《关于审理非法制造、买卖、运输枪支、弹药、爆炸物等刑事案件具体应用法律若干问题的解释》

2001年5月15日,最高人民法院公布《关于审理非法制造、买卖、运输枪支、弹药、爆炸物等刑事案件具体应用法律若干问题的解释》(法释〔2001〕15号),对个人或者单位非法制造、买卖、运输、邮寄、储存枪支及散件、弹药、爆炸物,依法被指定或者确定的枪支制造、销售企业实施违规制造、销售枪支行为,盗窃、抢夺枪支及散件、弹药、爆炸物,非法持有、私藏枪支及散件、弹药,非法携带枪支及散件、弹药、爆炸物进入公共场所或者公共交通工具,危及公共安全的行为规定了定罪量刑的标准。该解释对于推动"治爆缉枪"专项斗争的深入进行,依法严厉打击涉枪涉爆犯罪活动,维护社会治安秩序,发挥了积极作用。

4.关于枪支管理的主要部门规章

(1)《公务用枪配备办法》(1998年5月26日国务院批准,1998年6月11日公安部发布,根据《国务院关于修改〈公务用枪配备办法〉的批复》,2002年8月28日公安部重新发布)

为了维护社会治安秩序、保障公共安全,加强公务用枪的配备管理,根据枪支管理法的有关规定,公安部制定了《公务用枪配备办法》,对公务用枪的配备范围、配备品种、配备数量作了详细而具体的规定,是配备公务用枪的重要依据。

(2)《射击运动枪支弹药管理办法》(1992年4月25日国家体委、公安部令第18号发布)

为使在中华人民共和国境内的单位和个人从事射击运动有法可依，1992 年 4 月 25 日，国家体委、公安部联合发布了《射击运动枪支弹药管理办法》。该办法规定了从事射击运动所用的枪支类型，运动枪的研制、生产、供应、购置、持有和转让、管理、使用、携运和销毁，以及对违法行为的处罚办法。该办法对加强射击运动枪支的管理，保障射击运动的正常开展，维护公共安全，防止发生伤亡事故具有非常重要的意义。

5.关于枪支管理的部分规范性文件

(1)《公安机关公务用枪管理使用规定》

集中为加强公安机关公务用枪管理工作，1999 年 10 月 9 日，公安部下发了《公安机关公务用枪管理使用规定》(公通字〔1999〕74 号)。该规定的内容包括公安机关公务用枪管理职能的分工，配备枪支单位的职责，人民警察佩带、使用枪支的条件与职责，公务用枪的使用、日常保管、勤务管理，公务用枪的监督检查及罚则等，共十章 44 条。《公安机关公务用枪管理使用规定》的制定，对于加强公安机关正规化建设，保证公安民警明确自己在枪支管理和使用方面应有的权利、义务和应承担的责任，正确理解和处理好公务用枪管理与使用的关系，防止丢失、被盗、被抢和滥用枪支案件的发生，使有管理职能的单位明确分工和职责，建立健全枪支管理的保障和监督制约机制，规范公安机关公务用枪的管理和使用，严厉查处涉枪违法违纪案(事)件，全面提高公安机关公务用枪管理和使用水平具有重要作用。

(2)《公安机关涉案枪支弹药性能鉴定工作规定》

为规范涉案枪支、弹药的鉴定工作，2001 年 8 月 17 日，公安部印发了《公安机关涉案枪支弹药性能鉴定工作现定》(公通字〔2001〕68 号)。该规定对涉案枪支弹药的鉴定范围、鉴定机关鉴定标准、鉴定程序、鉴定时限等都做了明确规定，为合法、准确、公正地鉴定涉案枪支弹药性能提供了有效的保障。

(3)公安部《关于对彩弹枪按照枪支进行管理的通知》

为加强对彩弹枪的管理，2002 年 6 月 7 日，公安部下发了《关于对彩弹枪按照枪支进行管理的通知》(公治 [2002]82 号)，对彩弹枪的结构和发射时枪口动能平均值作了规定，加强了对彩弹枪的管理。

(4)公安部《关于对以气体等为动力发射金属弹丸或者其他物质的仿真枪认定问题的批复》

2006 年 10 月 11 日，公安部下发了给天津市公安局的《关于对以气体等为动力发射金属弹丸或者其他物质的仿真枪认定问题的批复》(公复字〔2006〕5 号)，对利用气瓶、弹簧、电机等形成压缩气体为动力，发射金属弹丸或其他物质并具有杀伤力的“仿真枪”的认定问题做了具体规定。

(5)《仿真枪认定标准》

鉴于非法制造、销售仿真枪和持仿真枪作案已成为严重危害社会治安、影响群众安全的突出社会问题,2008 年 2 月 19 日,公安部印发了《仿真枪认定标准》(公通字〔2008〕8 号),对如何认定仿真枪及鉴定、复检机关作了明确规定,保证了准确认定仿真枪,及时查处仿真枪案件。

此外,公安部、公安部联合其他部委下发了大量关于枪支管理的规范性文件,最高人民法院、最高人民检察院以及中国人民银行等其他涉枪系统、行业分别制定了《人民法院枪支管理办法》(1988 年 6 月 20 日法(司)发〔1988〕15 号)、《人民检察院枪支管理规定》(1998 年 6 月 26 日高检发装字〔1998〕12 号)、《中国人民银行枪支管理规定》(2002 年 1 月 21 日银发〔2002〕12 号)等关于枪支管理的规定。

6. 其他相关法律法规

(1)《中华人民共和国刑法》(1979 年 7 月 1 日第五届全国人民代表大会第二次会议通过,1997 年 3 月 14 日第八届全国人民代表大会第五次会议修订,中华人民共和国主席令第 83 号公布)

该法对非法制造、买卖、运输、邮寄、储存枪支行为,依法被指定、确定的枪支制造企业、销售企业,违反枪支管理规定行为,盗窃、抢夺枪支行为,违反枪支管理规定,非法持有、私藏枪支行为,依法配备公务用枪的人员,丢失枪支不及时报告,造成严重后果的行为,非法携带枪支进入公共场所或者公共交通工具,危及公共安全,情节严重的行为及如何追究刑事责任等作了明确规定。

(2)《中华人民共和国治安管理处罚法》(2005 年 8 月 28 日第十届全国人民代表大会常务委员会第十七次会议通过,中华人民共和国主席令第 38 号公布)

该法对非法携带枪支、匕首等国家规定的管制器具的行为、携带枪支等国家规定的管制器具进入公共场所或者公共交通工具的行为及处罚作了明确规定。

除此之外,国务院、公安部、地方公安机关以及相关涉枪行业、系统或单位还制定了许多规范枪支弹药管理、使用的法规、规章、规范性文件、技术规程等。例如,《中华人民共和国出境入境边防检查条例》(1995 年 7 月 20 日国务院令第 182 号发布)、《出入境人员携带枪支弹药边防检查管理规定》(2001 年 9 月 18 日公境检(〔2001〕1397 号)、《射击运动枪支配置办法》(2000 年 1 月 3 日公通字〔2000〕1 号)、公安部、海关总署、国家工商行政管理总局《关于依法严厉打击走私、制造、销售仿真枪违法犯罪活动的通知》(2002 年 1 月 25 日公通字〔2002〕5 号)。

有关枪支管理的较为全面的立法建设,包括法律、法规、规章、规范性文件、技术规程等,以及还在进行中的法规制定和修订工作,使我国枪支管理的法律依据趋于完备,必将更为有力地促进我国对枪支的安全管理。

第二节　枪支管理工作的组织与实施

开展枪支管理工作，必须建立行政执法规范高效、涉枪活动安全有序，对涉枪违法犯罪活动防控严密、打击有力的组织体系，有效实施相关的工作措施。本章重点介绍和归纳目前枪支管理工作组织与实施的基本概念、内容和要领。

一、枪支管理工作的组织

（一）枪支管理工作的组织及其目的和意义

枪支管理工作的组织，是指负有枪支管理责任的公安机关各部门及涉枪系统、行业的主管部门，围绕切实落实枪支管理责任，有效遏制涉枪案件和事故发生的基本要求，依法明确各类枪支管理责任主体及其职责、权限，建立枪支管理职责体系，并对执法监督、部门管理、行业自律等管理行为进行规范和协调的活动。各个具有枪支管理责任的部门、单位都负有落实枪支管理工作组织的责任。

枪支管理工作的组织在枪支管理工作中具有十分重要的意义和作用。枪支管理工作的组织，是涉枪部门、系统、行业枪支管理工作的组织体现，也是枪支管理制度运行的重要保障。针对枪支管理责任主体的多样性，责任层次的多重性，监管行为的特殊性，涉枪活动的复杂性，以及各类责任主体之间互相依赖、制约的关系，只有通过构建严密的工作组织体系，制订周到的工作计划，运行高效的工作模式，才能保障国家枪支管理法律制度的实施，这也是枪支管理工作组织的基本目的。

（二）枪支管理工作组织的基本内容

枪支管理工作组织的基本内容和形式主要包括五个方面：

1. 明确枪支管理责任主体，建立枪支管理组织体系

明确枪支管理责任主体，即依据枪支管理法律、法规和部门规章的规定，确定具有枪支管理责任的各个部门和个人，明确其枪支管理责任和各类主体之间的管理关系。明确枪支管理责任主体的组织形式，通常包括对枪支管理行政执法部门、涉枪系统或行业的主管部

门关于枪支管理的职责、机构以及管理人员编制的决定;对涉枪系统、行业的枪支管理责任部门、人员及其管理责任的规定(决定);等等。明确枪支管理责任主体的基本要求,是确保一切涉枪活动及其监督活动的责任主体明确、具备责任能力并处于互相监督和制约之中,进而在组织上保障枪支管理工作运行有效。

2.组织建立枪支管理制度体系

组织建立枪支管理制度体系,即根据枪支管理法律、法规和部门规章的规定,对涉及枪支管理的行为,制定和实施全面、协调、严格的枪支管理行为规范。建立枪支管理制度体系的组织形式,通常包括组织开展枪支管理规章制度的制定、研究、发布;组织相关责任部门和人员学习、培训,完成实施规章制度的物质准备;对规章、制度的建立、实施工作情况的报告、通报;等等。组织建立枪支管理规章制度的基本要求,是确保一切负有枪支管理责任的人和事,均有符合枪支管理法律制度的、可操作的行为规范,进而在行为上保障枪支管理工作运行有效。

3.组织开展对枪支管理工作情况的检查评价

组织开展对枪支管理工作情况的检查评价,即为评价所监督的枪支管理责任主体是否履行枪支管理职责,组织相关部门,单位和人员,收集被监督者的工作资料,核实实际情况,听取被监督者的陈述,根据枪支管理法律、法规、规章制度的有关规定,对被监督者是否履行枪支管理职责做出评价:对未履行职责的,指出问题和整改目标、期限,并对整改情况复核。其组织形式,通常包括制订检查工作计划、下达检查工作通知或指令,召集检查人员并进行必要分组、分工和训练,报告、通报、发布检查评价结果,发出整改通知,等等。

4.组织协调枪支管理责任主体之间的关系

组织协调枪支管理责任主体之间的关系,即针对各类枪支管理责任主体之间互相依赖、制约的关系,为减少、消除各类主体之间在履行职责过程中发生的冲突和产生的管理盲点,保障枪支管理工作的运行效率,需要在各系统、行业、区域之间对管理工作模式、标准进行必要的统一,对不同责任主体履行枪支管理职责时在运行周期、信息格式和工作标准上进行统一、衔接。其组织形式,通常包括发布定期或不定期的情况通报,由公安机关、有权的上级管理部门、冲突各方召开协调会,制定、修订、发布统一的管理工作规范或技术标准,建立区域协作会议制度,等等。

5.组织开展查处、整治和特别管制工作

组织开展查处、整治和特别管制工作,即对违反管理规定的行为,组织相关部门、单位、人员进行调查,对责任人员或责任单位依法进行刑事、行政处罚或行政处分;对区域或系统、行业中存在的不履行枪支管理职责的普遍问题,由相关辖区公安机关或系统、行业主管部门,组织力量针对存在的问题,进行控制后果、收缴流失的果断措施,依法查处违反管理规定的责任单位和人员，分析问题所在并采取针对性的、全系统、行业统的措施解决问题，防止再次发生；为维护区城社会治安秩序的特殊需要，经公安部批准，县级以上人民政府公安机关对局部地区合法配备、配置的枪支采取集中保管等特别管制措施。组织开展查处、整治和特别管制工作的组织形式，通常包括办理行政案件或刑事案件；单位内部人事部门的处分决定；公安机关向系统、行业的主管部门发出的案件情况通报和开展内部枪支整治工作的建议函；整治方案的研究、制定和下达；整治、管制工作的动员部署会议，制定和发布整治、特别管制通告，组织整治、特别管制工作组、督察组；发布查处、整治、特别管制工作情况通报，报告查处、整治、特别管制工作情况总结；等等。

（三）枪支管理工作组织中划分和确定责任主体及其职责的基本原则

1. 依法组织的原则

要根据枪支管理法律、法规和部门规章对枪支管理责任主体及其责任的规定，结合本系统、本行业、本单位和各相关岗位的实际，依法确定相关的责任部门、单位和人员，确保各个责任主体都有明确的管理责任，互相之间都有法定的管理关系，都依法受到制约和支持，进而确保管理组织行为的权威性。

2. 合理和稳定枪支管理体系的原则

枪支管理责任的主体通常可以分为几个基本层次，在相同层次中的主体责任基本统一，不同层次的主体责任具有衔接关系，以此做到主体之间责任平衡和统一，进而保证枪支管理体系的结构合理、稳定。

在宏观管理层面，枪支管理责任主体可分为四个基本层次：

（1）枪支管理行政执法部门，即公安机关；

（2）涉枪系统、行业的主管部门，包括制造、配售企业的主管部门，公务用枪、民用枪支配备（置）单位的主管部门等；

（3）涉枪系统、行业单位，包括拥有枪支以及枪支主要零部件的单位，如配置单位、制造企业、配售企业等；

（4）涉枪人员，包括具体的枪支管理岗位人员和持枪人员、保管人员以及能够接触枪支以及枪支主要零部件的其他人员。

在具体管理层面，如涉枪单位内部，枪支管理责任主体可按这一原则分为四个具体层次：

（1）组织领导责任层次，如涉枪单位的主要领导人；

（2）枪支业务管理责任层次，即涉及枪支管理责任的业务归口部门，如公安机关的治安、人事训练、警务督察、财务装备部门等；

(3)枪支管理要害岗位责任层次,如涉枪单位的集中保管岗位等;

(4)涉枪行为责任层次,包括一切涉枪行为人。

3.全面组织和明确定责的原则

要全面、系统、严密确定责任主体,划分并明确每个责任主体的枪支管理职责,以确保每一个管理行为、每一个涉枪活动都在各个相关责任部门、单位和人员的有效管理、监督之中。

4.监督制约与合理整合相结合的原则

对枪支管理职责交叉的部门、单位枪支管理工作的组织,要按照杜绝管理漏洞,提高监控效率,节约行政成本的要求,根据实际进行必要的职责调整,坚决杜绝在枪支管理工作的组织上出现职责错位、重叠、抵触或真空的问题。

(1)在部门、单位及其机构的枪支管理职责划分中,监督与被监督的责任主体不得混淆。特别是监督、许可(审查、审批)主体不得与相对主体混为一体,确保监督制约有效,杜绝违法行政的问题发生。以枪支管理体系中最复杂的责任主体公安机关为例,它既是枪支管理行政执法主体,又承担涉枪案件刑事司法职责,同时本身是一个配置使用枪支的部门,还是一个承担各配置公务用枪部的公务用枪调拨管理职责的部门。其中每个方面都进一步细化,如公安机关内部公务用枪配置使用管理,就涉及的行政、人事训练、警务督察、用枪勤务、财务装备等几个管理方面,决不能混淆。比如,不能因为治安部门是枪支行政管理职能部门,而独立承担监督检查人民警察持枪勤务活动,或者承担具体的枪支计划、调拨、仓储等事务;不能因为装备部门负责公务用枪调拨事务,而由其代替公安机关对其他配枪部门的装备计划实施行政许可审批。否则,就会出现漏管失管、缺乏监督、监管冲突、违法行政等一系列问题。

(2)合理利用现有管理资源,并注意职责与履行能力相符。对于层级较低、规模较小的涉枪单位,在不可能增加专门编制来履行各个枪支管理岗位职责的情况下,可以根据现有的性质相似的岗位职能,来授予枪支管理权限;也可以整合相近或同类的枪支管理岗位,以利于适应管理实际,充分利用现有管理资源,在条件较差的情况下全面开展枪支管理工作。同时,还要根据现有管理机构、岗位履行职责的实际能力、权限来规定枪支管理职责,避免出现无法履行管理职责的问题。

(3)在一个单位内部的各种涉枪岗位中,具有监督制约功能的涉枪岗位不得与其他涉枪活动岗位混淆。比如,枪支保管岗位在履行本单位枪支看守职责的同时,也是本单位枪支领用和清退管理制度的重要控制点,成为本单位整个枪支管理制度执行情况的要害环节。如果枪支的保管员由普通的持枪人员兼任,可自行保管,自行取用,则在造成枪支保管漏洞的同时,还将导致本单位枪支使用管理失控。

(四)公安机关枪支管理工作组织

公安机关枪支管理工作组织可大致概括为四个方面,即枪支管理行政执法、公安机关人民警察枪支配置和使用管理、公安机关枪支装备与技术保障管理、公务用枪调拨管理,在公安机关统一领导下,分别由不同的职能部门负责,其他部门配合。

1.枪支管理行政执法工作组织

公安机关的枪支管理行政执法职能归属于治安行政管理部门,基本职责是:依法制定和实施部门规章,严格规范地实施许可,开展检查监督,协调各涉枪系统、行业单位之间的职责关系,组织实施区域专项整治和枪支特别管制措施,调查违反枪支管理规定的行为,实施行政处罚或移送起诉工作。其中,对涉枪刑事案件的办理,按照公安机关刑事案件管辖分工规定分别由刑事侦查、治安行政管理部门负责,涉案枪支鉴定工作由刑事技术部门负责。

公安机关治安行政管理部门与公安机关其他部门的关系,主要体现在“接受领导,行政执法,业务配合”三个方面。一是接受上级公安机关的枪支行政执法和本公安机关的领导,接受警务督察;二是以枪支行政执法角色依法实施持枪证、枪证、枪支运输证以及购置计划的行政许可工作,并依法对枪支的调拨、仓储、运输、维修、报废销毁等技术保障活动进行检查监督;三是配合人事训练、督察纪检、刑事技术、财务装备等业务部门开展涉及枪支管理的规章制度建设、人员培训考核,参加统一组织的枪支管理工作检查、涉枪违纪案事件调查、枪痕建档工作组织、枪支管理基础设施建设方案论证等工作。

2.公安机关人民警察枪支配置和使用管理工作组织

公安机关人民警察枪支配置和使用管理是公安机关内部的枪支管理工作,其基本内容可以概括为配枪岗位的确定和持枪人员管理,枪支保管基础设施建设和维护,枪支使用管理等三个方面。在各类公务用枪配置使用单位中,公安机关人民警察的配枪岗位、层级、人数、枪支弹药配置种类和数量以及内部监督管理部门最多,携枪、用枪勤务频率最高,因此公安机关的枪支配置使用管理工作,不论是公安机关内部还是与其他公务用枪配置使用部门相比,是职能部门最复杂、工作量最大、内容最广泛的一项工作。

(1)配枪岗位的确定和持枪人员管理。这项工作包括了按照公务用枪配备范围标准确定公安机关配置公务用枪的警种和岗位、枪种、数量,进行持枪人员训练、考核和确认,申请办理枪证和持枪证,主要是人事训练职能与枪支行政许可职能的衔接与结合。采取工作模式基本为“政工为主,治安为辅,后勤保障”。由政工部门牵头组织,进行岗位人事审查、组织师资和培训、资格确认;由治安部门提供工作标准和法规、制度辅导;由后勤部门提供武器维护保养辅导,并保障射击训练消耗计划和实施。工作台账应当由工作组织者管理,在办理枪证、持枪证时作为条件资料提供。

(2)枪支保管基础设施建设和维护。公安机关枪支保管基础设施、器材有四个层次:第一层次是本公安机关枪支储存仓库,对省以下的公安机关,应当具备装备保管、配置保管、执法保管等三大功能,满足调拨中转、待用储备、待销毁保管、机动配置、集中保管、临时保管、收缴保管等需求。对有条件的单位上述三项功能应当分库,无分库条件的应当分室。第二层次是一线用枪单位枪支集中保管设施,如基层派出所和其他远离本机关的用枪单位,还有公安警察院校以及工作需要保存非配置枪支的单位,如枪支痕迹建档、涉枪刑事技术鉴定单位等,具备枪支集中保管储室、储柜。第三层次是勤务中枪支保管设施和器材,主要是用枪勤务状态中需要的集中或个人保管设施,如较大规模的勤务现场枪支集中保管车或车载集中保管设施,可兼用于勤务现场武器支援设施,以及派出所内值班岗位的民警执勤佩枪临时保管设施、巡逻警务车内的巡逻民警个人配枪车载临时保管设施,主要用于不宜或不得携枪的活动过程。第四层次是个人携带枪支过程中的安全保管器材,已经开发使用的有枪纲、枪锁等。各层次、各项内容均须达到公安部规范或行业标准的规定。这里所说的"枪支保管基础设施建设和维护"职能,是指与用枪勤务有关的基础设施和器材,包括第二、三、四层次的内容,通常由公安机关统一组织有关部门、单位决定建设计划和标准、进度,由基本建设部门实施建设、维护,由枪支装备部门负责配套器材,由仓库、储室、器材的使用部门和单位负责日常使用、管理。

(3)枪支使用管理。枪支的使用管理,包括已经配置枪支的保管、领退、携带、使用、保养等枪支管理工作。枪支的使用管理,在目标上分为依法使用、安全保管、保障枪支技战术性能等三个基本方面;在管理状态上通常分为集中保管、个人保管、失控(脱离有效监管的各种情形)等三个基本状态;在管理制度上通常包括集中保管制度、领取使用审批制度、领退查验登记制度、个人安全保管制度、枪支安全使用制度、使用情况报告制度、保养制度、枪支使用管理检查制度等八个方面。通常公安机关内部的枪支使用管理责任及其主体有六个方面:一是配枪单位主要负责人或指定的负责人的责任,包括组织或实施本单位枪支使用管理制度,持枪人员、保管人员的审查和报告,枪支使用管理制度执行情况的检查,组织、负责、配合上级组织对违反枪支使用管理制度情况的调查;二是督察部门的责任,包括对本单位枪支使用管理制度执行情况进行现场检查监督,对违反公安机关枪支管理规定的情况进行调查和报告;三是持枪任务单位(岗位)负责人的责任,包括对任务用枪必要性、持枪人员资格及现实情况、领用枪支种类、数量、任务周期以及必要的限制用枪情形的审核、审批确认;四是单位枪支保管人员的责任,包括单位枪支集中保管,查验发放和收回枪支并登记,报告应当退还枪支的情况,维护集中保管设施,检查枪支勤务保养状态,是几项基本制度执行工作的重要结合点、控制点;五是持枪任务现场负责人的责任,包括对枪支的个人携带保管和使用制度执行情况的掌握和监督；六是持枪人员的责任，包括按规定领取、保管、使用、维护和退还枪支，如实报告使用情况。

3.公安机关枪支装备与技术保障管理工作组织

公安机关枪支装备与技术保障管理工作主要包括了公安机关内部枪支购置计划编制、审核、报批、结算、调拨、仓储等装备管理工作，以及研制开发、保养、维修、鉴定、淘汰报废、销毁等技术保障工作。此项工作由后勤装备部门负责，接受督察部门实施的警务督察和治安部门实施的道路运输等行政许可管理和涉枪活动的执法监督。

4.公务用枪调拨管理工作组织

公务用枪的调拨管理工作，即利用公安机关已经建立的公务用枪仓储、调运、结算和技术保障的层级、渠道、基础设施体系，统一承担非公安机关的公务用枪购置计划汇总、资金给付、调拨和相关技术保障工作。在组织上，由公安机关治安部门审查和监督，装备财务部门实施。装备财务部门实施时，属于规范性的服务工作，不具有行政管理性质，但可以从业务上进行规范。

二、枪支管理工作的实施

在有效组织的基础上，枪支管理部门和每一个涉枪单位均须根据枪支管理法律、法规和部门规章的规定，根据自身枪支管理法定职责，结合单位涉枪活动的实际，认真实施枪支管理工作。

(一)枪支管理工作的实施及其基本内容

1.枪支管理工作的实施

枪支管理工作的实施，就是枪支管理责任主体根据本职，具体落实枪支管理法律、法规和部门规章规定的、有组织的活动过程。各类负有枪支管理责任的部门、单位，都应当根据枪支管理法律、法规和部门规章的规定，结合本系统(部门)、单位的枪支管理工作或涉枪行业活动的实际情况，组织落实各项枪支管理工作。

2.枪支管理工作实施的基本内容

枪支管理工作的实施，是针对枪支管理工作的内容进行的组织工作。由于枪支管理工作面广量大、内容丰富，组织实施工作的内容也相应较多。概括地讲，枪支管理工作的组织实施可以分六个方面：

(1)枪支管理组织和涉枪人员、岗位管理；

(2)规章制度建立和维护；

(3)涉枪活动管理;

(4)枪支安全保管;

(5)检查、评价和整改;

(6)违法、违规案件和事件的管理。

根据实施主体和相关的管理工作内容的不同,上述六个方面在具体内容上也不尽相同。

3. 枪支管理工作实施的内容分类

枪支管理工作内容十分丰富,可以按照实施主体分类,如枪支行政执法(公安机关)的管理工作,配置单位枪支管理工作,制造或配售等涉枪系统、行业单位的枪支管理工作;也可以按照涉枪活动或流程进行分类,如制造、配售(流通)、运输储存、配置、保管、使用、维修与淘汰报废、销毁等管理工作。在这里,将全部的枪支管理工作按照主体与流程相结合的规则进行总体分类,共分为十类基本工作内容,其中每一类基本工作内容,又应根据本部门、单位涉枪活动的实际,细化为多项具体工作。其中,枪支管理行政执法工作和公安机关内部枪支管理工作内容,不在本节特别述及,请参考上节“枪支管理工作的组织”。

(1)枪支管理组织与岗位、人员管理工作。包括单位、部门、管理人员的职责分工,枪支管理工作负责人、经办人以及保管员、业务员、教练员等涉枪管理要害岗位及其人员、岗位责任,各类涉枪人员条件、培训考核、审批、确认、取消等具体管理工作。

(2)枪支重大活动审批管理工作。包括各类需要进行专门管理的涉及枪支的活动,如枪支调运、淘汰报废、销毁等,枪支操作训练和实弹射击训练、考核等管理工作。

(3)枪支保管工作。包括枪支需要集中保管、看守、入出库审验登记情形的管理工作,应按四个层次:调拨储备、中转的储存保管,单位已配置和机动储备的枪支储存保管,一线配置单位的集中存放、保管,持枪人员勤务用枪的携带保管。

(4)枪支勤务使用管理工作。包括持枪任务(人)审批确认,枪支领取退还,个人保管和勤务移交方式,允许和禁止使用枪支情况,使用枪支的一般程序,个人枪支保养、使用情况报告、紧急情况处置和报告等几个方面的管理工作。

(5)枪支装备技术保障管理工作。包括编制和确认研制开发需求、定型列装、购买调拨(价拨)、分配、保养、维修、技术鉴定、淘汰报废、销毁,以及储存和个人保管、保养的基础设施、配套器材等方面的管理工作。

(6)枪支运输活动管理工作。主要指枪支及其主要零部件在空间上转移活动的管理工作,涉及因销售购买、装备配置、训练比赛、参演参展等需要进行的运输活动,在申请运输许可、相关主体、运输事由、运输方式和条件、押运条件和押运人、时间路线、情况处置和报告等方面进行管理。

(7)枪支制造和流通业务管理工作。包括枪支制造、配售及其主要零部件的研制开发、定型、制造、销售(购买)等各个环节的管理工作。

(8)重大情况处置与报告工作。包括对已经发生的或将要发生的涉及枪支安全的重大情况信息及其处理的管理工作,应涉及处置程序、措施和情况报告、通报等内容。重大情况包括枪支滥用、丢失、被盗、被抢、非法转让、携枪人员下落不明或失控等可能导致或已经导致枪支失控的情况,以及储存、保管设施存在有危及枪支安全的重大隐患等情况。

(9)枪支管理检查和隐患整改工作。包括部门、单位、持枪任务组织等负有枪支管理责任的单位(组织)对所管辖的下级、人员执行的各项枪支管理制度执行情况的检查,以及对检查发现的隐患和问题监督整改等管理工作。

(10)工作检讨评价。包括年度或专项枪支管理工作的总结、报告、通报等管理工作。

(二)枪支管理工作实施的基本原则

枪支管理工作的实施,最根本的要求就在于工作的有效性,包括实施主体及其行为的法律有效性,实施事项及其时间、空间的有效性,实施情况和效果的可倒查、可评价性,以确保国家枪支管理法律制度得到全面、切实的执行。

1.依法实施的原则

要依法实施枪支管理工作,保障实施的枪支管理工作具有权威性,使相关的工作取得法律的支持和保障。这就要求我们在枪支管理工作的实施过程中,一是各枪支管理责任部门、单位,要根据枪支管理法定的职责、义务,开展枪支管理工作,做到实施事项均有有效的法律、法规和职能依据;二是要按照管理与被管理者之间的枪支管理法律关系,部署、监督、协调开展工作,不可错位、越位;三是要以自身的法定权限和行为规章来约束管理行为,杜绝违法行政,杜绝妨碍或损害其他部门、单位或个人的合法权益的问题发生。

2.及时实施的原则

枪支管理工作的组织是及时的,枪支管理工作才可能是有效的。枪支管理工作的及时性,主要体现在枪支管理基础建设的及时性、检查监督管理工作的及时性、案件查处工作的及时性和协调完善的及时性等四个方面,这四个方面工作是否及时展开,都直接决定了枪支管理工作的成效。一是在枪支管理基础建设方面,包括涉枪人员的素质、储存保管设施、规章制度建立、监控技术措施的运用等,只有及时组织开展,枪支管理工作才有基本的条件;二是检查监管工作方面,包括行政许可,检查整改,直至在特定区城采取枪支管制特别措施等,只有及时开展,才能体现责任主体的职责和作为,及时发现和控制、消除安全隐患;三是在查处违反枪支管理规定的行为方面,更需要及时、果断地进行,及时依法调查和追究违法犯罪行为,这样才能控制和消除进一步的危害后果,遏制涉枪违法犯罪活动;四是在区域、行业的枪支管理工作的协调和有关规章制度的调整完善等方面，只有及时组织进行，才能防止管理机制的紊乱，避免干扰甚至破坏枪支管理正常运作，维护整个枪支管理形势的稳定。

3. 统一组织、分工合作、各尽职责的原则

枪支管理工作的实施，针对相关责任主体的职责、权限、监管手段和能力的差异来分解任务，统一目标和进度，并统一指挥、协调；各部门要在认真履行本职、发挥本职优势的基础上，相互之间支持和帮助。统一组织、分工合作、各尽职责的原则，切合目前枪支管理体系的实际，体现了各个枪支管理责任主体的责任，体现了提高运行效率和降低运行成本的有效行政要素，因此是枪支管理工作实施的组织保障。首先，在一项有组织的枪支管理工作中，无论是组织者还是被组织者，各相关的涉枪部门、单位、人员都应当在枪支管理工作的组织中体现自身的枪支管理责任。其次，枪支管理主体及其职能、职责、行业领域不尽相同，各自的管理、调控手段也不尽相同，因此在规模较大、涉及面较广泛的枪支管理工作中，不可能按照一种模式、一个标准来同时规定各参与者的具体工作，而只能是由相关参与的部门、单位根据组织者下达的任务、目标和进度，针对本地、本系统、本行业的实际情况，进行二次组织，也就是部门、单位的分工。最后，对涉及较广泛的枪支管理工作来讲，必须有对任务、目标和进度的统一掌握、评价和指导，这也就是枪支管理工作的组织者的责任。

4. 可评价的原则

要按照可倒查责任的要求组织实施枪支管理工作，在组织和实施的全过程中，都要注意体现组织者、参与者履行工作责任的情况，并将工作情况记录、收集、公布、保管备查。一是要做到工作的任务目标明确，各方面工作在进度、质量上有可衡量的标准，并且其内容和评价办法应当是公开的、可操作的。二是对参与部门、单位的评价过程、内容、操作人等信息都应当准备规范的记载格式，包括有被评价人的确认内容，体现公正性。检查登记表(册)等载体规范，便于归档保存，以利责任倒查。三是将工作进度、质量的评价形象化、公开化，配合经验交流、点评活动，激发比、学、赶、超的工作热情。四是要将组织工作有关的文件、会议记录、图文资料、领导批示等妥善收集，以利于工作指导、总结、检查评比等。

5. 安全实施的原则

要确保枪支管理工作实施活动中的安全。枪支管理工作活动中较易发生的不安全问题主要是工作人员接触枪支的不安全行为和工作秩序混乱导致枪支管理不落实，如接触和处置枪支过程中发生的违规危险动作导致走火，枪支短时脱离安全保管状态导致被盗、丢失，让无关人员了解过多枪支保管要害细节危害保管安全，等等。实施工作前要分析易发事故、案件的环节，在工作方案、行为规范、应急处置、工作保障等方面进行规定，并进行必要的动员部署。在参加人员较多、涉及范围较广的大型枪支管理工作中，一是要按照模范

遵守枪支安全管理制度的要求来管理工作人员；二是要特别强调熟知、遵守操枪安全规范，杜绝不安全操枪行为发生；三是对重要岗位、场所，要了解、遵守相关的安全生产、营运管理规章制度，严防发生各类事故；四是对涉密环节和内容，要严格遵守保密纪律，严防泄密问题发生；五是对涉枪违法犯罪行为调查工作，要根据必要做好防范、处置准备，严防人员伤亡；六是接触枪支的活动，在开始、结束时要进行确认，严防枪支的丢失、被盗、短少等问题发生。

（三）枪支管理工作的实施要领

1. 枪支管理规章制度的制定工作实施要领

（1）枪支管理规章制度制定工作及其实施的目的、意义。制定实施枪支管理规章制度的工作十分重要。首先，枪支管理规章制度集中体现了制定者对涉枪活动各个环节、流程及其管理要点的掌握，体现了枪支管理意识和工作严谨程度。其次，有效的枪支管理制度是保证涉枪活动合法、有序，各环节衔接准确，进而使涉枪管理和涉枪活动有条不紊的重要基础。最后，通过建立枪支管理规章制度建立具体涉枪行为的规范评价标准；同时提供了相关责任人员便于掌握、记忆和遵守的直接、简明、准确的行为指南。如果没有枪支管理制度，或者枪支管理制度不完善，必将导致涉枪部门、单位的枪支管理工作和涉枪活动秩序的混乱，造成枪支管理的隐患，乃至发生涉枪案件和事故。

（2）枪支管理规章制度的约束范围。对每一个涉及枪支管理的行为，均应当有符合枪支管理法律、法规和部门规章的规章制度约束，即对应当纳入枪支管理的每一个内容都应当制定枪支管理规章制度。

（3）制定枪支管理规章制度的基本要领。

①依法制定。

枪支管理的规章制度，关系到相关主体的权利、义务和法律责任，它首先必须是依法有效的，即应当依据枪支管理法律、法规和部门规章，结合相关的涉枪管理活动和涉枪从业活动实际来制定，使之成为枪支管理法律、法规和部门规章在具体的涉枪管理活动和涉枪从业活动中的体现。特别是枪支管理规章制度对涉枪主体的界定，以及对涉枪行为的限制都不得超越法律、法规的规定，也要注意不能以严格管理枪支为理由侵犯当事人的合法权益。

②责任明确。

枪支管理规章制度应当具体明确责任主体、责任行为这两个责任要素，而且在表达上要全面而不能遗漏，准确而不能模糊。比如，枪支集中保管的“双人双锁”制度，就要进一步明确具体的“人”，如保管员、领取或退还枪支的人员等，以堵塞无关人员接触枪支的制度漏洞。

③协调制约。

枪支管理规章制度,是由涉枪活动各个环节的管理规定组合而成的。因此,一是要全面制定规章制度,堵塞管理当中的漏洞;二是要平衡各环节责任,并避免冲突,形成协调一致的关系,保证规章制度运行顺畅;三是要根据涉枪活动业务流程,尽量将相关联环节的制度实施情况作为本环节条件,形成互相监督的制约关系。比如,制定枪支领取行为的规章制度,就应当同时制定保管枪支的规章制度,否则就会失去意义;而领取枪支,就应当以持枪资格、持枪任务管理制度的执行情况为条件,使枪支保管发放环节成为该制度执行情况的一道检查线,形成监督制约。

④可以操作。

枪支管理规章制度,是对具体的涉枪活动的规范,只有符合实际情况和涉枪活动的基本规律,才能实现其目的。要保证枪支管理规章制度具备可操作性,通常要注意三个方面的问题;一是规章制度对某一类行为的约束与该行为涉及的其他法规制度不抵触,不会由于遵守相关法规而妨碍枪支管理。二是规章制度所规定的程序、方法、标准等要求,具有执行的基本条件,不会因条件不具备而妨碍枪支管理。三是与实际情况要准确对应,表述规范,不会产生歧义和误导。

⑤具有权威。

枪支管理规章制度,是涉枪单位、部门和人员必须遵守的行为规范,具有普遍适用性、指南性和不可选择性。同时,它是对具体涉枪管理活动和涉枪从业活动合法性、规范性的评价标准。要达到这些要求,一是要做到与枪支管理基本法律制度相对应,依据充分,同时法律责任明确,进而使规章制度的实施工作取得法律保障。二是要对应单位、部门有关行政处分的规定,对不追究法律责任的违反枪支管理规章制度行为,纳入本部门、单位的行政处分范畴。三是枪支管理规章制度,要包括全部涉枪活动中的责任环节,成为相关活动人员的涉枪责任行为的指南和标准,没有可选择性。

2. 涉枪人员管理工作实施的基本要领

(1)涉枪人员及其管理工作实施的目的、意义。涉枪人员,是指因正当需要,取得行政许可或由相关的涉枪活动责任单位确认并纳入管理,接触枪支并承担相应枪支管理责任的人员。例如,公务用枪配枪单位的持枪人员、用枪人员、枪支保管员,合法持有猎枪的猎民,枪支制造活动中接触枪支或其主要零部件的操作人员,等等。

涉枪人员管理工作在枪支日常管理工作中有十分重要的意义。枪支管理法律、法规、部门规章和各类管理制度,最终需要通过涉枪人员的涉枪行为来体现。涉枪人员履行枪支管理义务的真实情况,直接影响枪支管理工作的成效。因此,在枪支管理工作中,涉枪人员管理工作是枪支管理工作的重要组成部分,具有十分重要的地位。

(2)涉枪人员的分类和特点。涉枪人员的种类很多、数量很大,可以进行不同的分类。在此,我们根据枪支日常管理工作的需要,按照涉枪人员在枪支管理工作中的重要程度、主体区别等基本方面进行分类,在日常枪支管理工作中常见的涉枪人员主要有五类:

①持枪人员。

包括依法必须取得《公务用枪持枪证》和《民用枪支持枪证》的人员,以及各类配置枪支单位的射击教员、教练员、运动员、训练人员,等等。此类人员的特点是数量最多,涉枪活动最频繁,通常违反枪支管理规定的行为后果较严重,但客观上最难对其涉枪活动落实实时监控。

②涉枪活动中的控制岗位专职人员。

包括枪支保管员、押运员、营业性射击场和狩猎场的射击服务人员等。此类人员的特点是处于掌握、控制涉枪活动的要害环节,同时是枪支安全保管工作的具体落实者。虽然没有持枪人员的活动空间大,但在一定程度上具有支配看守保管枪支的条件。

③涉枪活动中操作岗位人员。

包括枪支制造、维修、科研、教学、展览等活动中直接接触枪支的人员。此类人员的特点是在涉枪活动的流程中必须接触枪支或其主要零部件,有的具有制造枪支的知识、技能,有的具有非法获取枪支或其主要零部件的条件。但与持枪人员不同的是,他们的涉枪活动通常可以被限制于特定的空间和时间。

④涉枪支业务人员。

包括枪支制造、配售企业和进出口贸易企业的涉枪支业务人员。此类人员的特点是具体负责枪支或其主要零部件的购买、销售业务的意向、谈判和实施,同时影响其相关的运输、仓储业务活动。此类人员的行为规范直接影响枪支流通行为的规范,并且此类人员还拥有较多的枪支流通信息。

⑤其他临时接触枪支的人员。

包括因正当理由可临时接触到枪支的人员,如射击课程、军训活动中的学生,承接枪支销毁业务的单位中接触枪支的操作人员,等等。此类人员的特点是具有临时性,事先并不具备持枪许可的条件。

(3)涉枪人员管理工作的基本要求。

涉枪人员管理工作的基本要求就是:保证涉枪人员具备依法从事涉枪活动的行为能力和责任能力,发挥重点岗位涉枪人员对涉枪活动的制约作用,建立对涉枪人员日常活动的监控机制。具体包括以下几个方面:

①严格对持枪人员的许可和审验工作。

公安机关在受理单位和个人的持枪许可审查、审批和审验工作中,要依法严格办理,杜绝不具备条件的人员取得持枪资格,以确保涉枪人员具备履行枪支管理义务的责任能力。

②严密组织,固定和限制涉枪人员及其涉枪活动。

由经许可的人员持有许可限制的枪支,在许可限制下从事涉枪活时;未规定行政许可的其他涉枪人员,须由单位按照具备枪支管理责任能力的要求选择确认,明确其枪支管理责任,未经确认的人员禁止接触枪支;相关的责任单位应当将全部涉枪人员纳入管理,建立枪支管理组织,开展枪支管理日常检查、教育工作。

③加强对涉枪控制岗位专职人员的管理。

涉枪单位的枪支保管员、押运员、营业性射击场和狩猎场的射击服务人员等,是涉枪单位执行枪支管理制度的重点人员,一是要严格固定专职人员,其他人员(包括其他涉枪人员)不得从事此项活动或临时替代,并对此类人员认真登记,纳入管理,向枪支行政管理部门报告。二是在人员选择上,要严格保证此类人员具备较高的岗位管理能力,有较强的管理责任心和耐心细致的工作精神,确保能够严格、一贯、细致地履行其职责。三是在日常管理中,要督促此类人员掌握全部相关的管理制度、人员情况,要重点、严格检查此类人员履行管理制度的真实情况,确保其看守保管的枪支的安全,并发挥其对相关涉枪活动的情况掌握报告、制约控制的作用。

④落实对临时涉枪人员的事前把关、事中监督、事后登记。

对于因军事训练、射击课程、销毁枪支等工作需要,临时接触枪支的人员,要在对此项工作活动研究制订周密工作方案,列出相应的临时涉枪人员的基础上,以事前把关、事中监督、事后登记的原则,对临时涉枪人员进行管理。事前把关,即对必须接触枪支的人员全部进行适应性审查,有严重违法违纪问题或有心理障碍等不能确保安全使用枪支的,或者不能保证销毁工作的彻底性的人员,均不得参与接触或控制枪支的活动;在涉枪活动开始之前对此类人员进行安全和法制教育,明确相关的法律、法规和规章制度的规定,掌握活动限制、纪律和情况报告办法等,明确枪支管理责任;组织和承办此类涉枪活动的单位要对涉枪人员的现场活动情况进行监督管理,及时发现、制止或纠正违反规定的行为,及时调离、撤换不宜继续参与活动的人员;公安机关要对单位组织的涉枪活动进行监督检查、指导,对重大的销毁枪支活动直接监管,并督促承办单位落实对涉枪人员涉枪活动的现场监管工作。在相关的临时性涉枪活动结束后,组织或承办的单位应当在确认工作完成的基础上,详列涉枪人员清单,由组织单位保管备查。

⑤掌握涉枪人员的现实情况,进行必要的针对管理和及时调整。

各类涉枪单位中,在相应的政工、人事、纪律、劳资等管理部门、管理人员中都要有涉枪人员管理意识,对涉枪人员不适宜从事涉枪活动的情况和问题保持敏感,凡是发现有违法犯罪问题的,人际纠纷激化有暴力倾向的,以及有心理障碍、疾病和其他各种原因难以保证其履行职责的问题的，都应当及时向单位枪支管理部门报告、通报，单位应当中止其涉枪活动，直至调离涉枪岗位；必要时，应当向公安机关枪支管理部门报告，以及时取消其持枪资格。

⑥加强日常教育，营造监督环境，畅通信息渠道，强化涉枪人员的枪支管理意识。

一是要在单位的枪支管理组织牵头下，定期和不定期地组织涉枪人员学习枪支管理法规和规章制度，通报枪支管理案例，指出存在的问题，提出进一步严格管理的工作要求，使涉枪人员保持枪支管理的意识。二是要在本单位开展经常性的涉枪人员涉枪活动情况检查，同时注意建立涉枪活动的外部监督机制。如猎区的猎民、牧区的牧民等涉枪活动分散难以监控，可以在相应的持枪活动区域内开展有针对性的、简单易懂的枪支管理法制宣传，使群众知道持枪人员的基本条件，持枪活动限制和涉枪违法犯罪情况的举报方法。对有枪支配置限额的涉枪活动，应当利用相关单位、群众的枪支配置竞争意识，将申请配置的单位、人员情况及审查、审批和审验情况在相关行业、区域内进行公示，以获取未掌握的违法、违规信息，由此营造出高效的社会监督环境。三是公安机关，特别是基层派出所的民警，应当在辖区警务活动中对辖区内涉枪人员的现实情况进行了解，鼓励涉枪人员反映涉枪活动的真实情况，告诉其报告情况的有效方法，因为他们是最了解涉枪人员涉枪活动真实情况的主体。通过上述措施，有效地强化涉枪人员自觉遵守枪支管理法规、规章制度，掌握涉枪人员现实情况的基本信息，进而提高对涉枪活动的监控效率。

3. 主要涉枪活动管理工作的实施要领

应当依法纳入枪支管理的涉枪活动种类很多，面广量大，务必要针对各种涉枪活动的特点来实施管理工作。为便于实施工作组织和检查监督，通常可以针对涉枪活动的特点，分为几个基本类别，抓住其特点落实监管。

(1)携带使用运输类。

取得持枪证的单位、人员可以在许可限制范围内携带、使用枪支；取得运输通行证的单位可以在许可限制范围内实施枪支的运输活动。这类涉枪活动的最大特点是活动过程往往脱离实时监督，而涉及的枪支均为成品，一旦失控将造成严重的现实后果，因此是管理要求较高，但管理难度最大的涉枪活动。针对这一特点，对此类涉枪活动管理工作的组织实施有以下基本的要领：

①完善组织、人员管理与岗位责任制度，使与涉枪活动相关的各管理层次、岗位责任明确，发挥全部监督、制约的机制，并确保相关的涉枪活动人员具备相应的枪支管理责任能力。

②严格遵守法定的许可管理制度，依法进行许可申请、审批和持证活动，杜绝非法持枪、非法运输行为的发生。

③努力完善个人枪支保管配套设施、器材，与涉枪活动中易发枪支失控问题相适应，努力避免可防性案件、事故发生。

④加强针对性检查监督，发挥枪支领取（发货、装载）、活动查验、退还集中保管、入库等环节管理岗位的监督制约作用，核实相关活动情况。

⑤建立、实施涉枪活动情况定期报告、重大情况及时报告、运输证返还等事后申报制度。

⑥在组织法制学习和宣传教育的同时，鼓励涉枪人员、知情人员报告违法违规行为。

⑦其他针对性管理措施。

(2)教学训练类。

包括枪械知识、枪支操作维护等教学活动，非专业的射击训练、射击比赛活动，持枪演练、检阅及操练活动等。其最大特点是临时性较强、周期性较短，但属于集体活动，有一定的组织性；接触枪支的人员缺乏枪支管理意识培养期，由于人员较多、枪支较多，难以掌握个体状态和现场秩序；最易发生违规操作枪支、枪械串换、枪支损坏、主要零部件丢失，甚至发生枪支被盗、丢失、走火等案件和事故。对教学训练类涉枪活动，应当掌握下列要领：

①组织落实。

包括编制工作方案，抽调相关部门和人员，根据活动规模建立管理功能组织，如领导小组（相关部门负责人）、队员编组、保障（现场集中保管和枪支运输）、教学（教官教练）、辅导与安全（小组辅导员、枪支管理监督员）、应急（救护和机动）等，针对此类活动特点落实分工，明确任务和责任。

②前期准备。

包括队员（接触枪支的参训参战人员）的枪支管理适应性筛选，层级分组及负责人确定，任务及分工布置动员，涉枪活动及保管现场确定，枪支需求及审批，设备器材检验，消耗品准备，等等。

③实施封闭管理。

活动场所应选择在单位内部，并有适宜的涉枪活动场所和保管场所，确保外部无关人员不得入内；全部涉及枪支的活动都在指定场所进行，枪支不得脱离指定现场；非操作状态下枪支集中保管；非实弹射击临场时不得发放子弹；领发、退回枪支弹药进行详细登记。

④统一操作，个别处置，确保秩序。

对较大规模的持枪操作，均应规定操作步骤，从领取枪支到退还集中保管的过程中，按照统一的号令逐个步骤进行，不得自行操作；遇到有个别情况需要处理时，必须报告，由辅导人员采取不影响集中的措施，个别处置。

⑤严密实弹射击现场管理。

实弹射击现场是此类涉枪活动管理工作中最重要的内容，必须严格实施上述各项管理工作，同时全力投入现场监控。重点是严格监督遵守安全警戒、场地隔离，以及从领发弹药到射击完毕、验枪、报告、清退等行为规范，监视每一个射手行为，及时、安全纠正和制止错误行为，杜绝枪支短少、枪口指向不安全、枪支安全状态不确认，甚至走火等严重违规问题和事故的发生。

(3)技术保障与制造销毁类。

包括枪支的制造、维修、技术检验鉴定、淘汰报废及其回收、销毁等活动。其主要特点是由经过许可的单位承担，但作业人员由单位确定，不需要进行行政许可，受企业管理约束；在遵守枪支管理法规和制度的同时，遵守国家或行业技术标准；通常在规定的场所从事涉枪活动，但在一定的条件下，作业人员具备藏匿枪支主要零部件，或变造、非法制造枪支的条件，或无关人员进入作业场所窃取枪支主要零部件，或影响管理秩序。此外，此类作业人员一般具有制造枪支的基本知识或技能。在实施此类活动的管理时，通常应当掌握下列要领：

①限于相关许可的单位作业，或在公安机关全程监控下毕业。

非临时性的作业活动，应当严格限于经过许可的单位，枪支的制造只能由取得枪支制造许可证的企业进行；维修、技术检验鉴定等工作，应当由具备制造、配售许可证或配置枪支的单位指定有资格的专人在专门场所进行；对淘汰报废枪支只能在原装备渠道或交由当地公安机关进行，而不能自行在上述范围外进行。对于销毁枪支的工作，可以在公安机关现场监管状态下，在非专业的单位进行，直至销毁完毕；否则，应当由专业的销毁单位进行。

②建立、落实完善的管理组织和制度。

作业单位必须建立管理组织、制定实施管理制度，确保每个环节、每个场所、每项活动均在本单位监管之下，并且监管的责任人员及其责任明确，运行流畅。

③实施封闭式管理。

建立封闭区域，按照作业流程设置成品和主要零部件的仓库、保管室、车间(工厂)，以及相互之间的通道，并与外部隔离；枪支及其主要零部件不得脱离封闭区域；入出登记，无关人员不得入内，有可靠的保安措施，重要部位应当有监视、报警条件。对于枪支配置单位的简单维修场所，可以设在储存场所内，与库房(间)分设；对于销毁场所，同上原则，划定卸车点、装运点和路线(应尽量短或没有)、投料销毁点，并落实临时封闭和警戒，直至销毁完毕；需要对待销毁枪支进行安全检查或分检处理的，应当在起运出发前在原单位完成。

④按照涉枪人员管理的相关要求，组织实施对作业人员的管理教育工作。

4. 枪支安全保管工作的实施要领

对枪支储存仓库、涉用枪单位储存室或其他临时看管场所的枪支看守保管活动管理工作实施的要点是：

(1)严格保管员管理。

严格保管员资格审查,确保具备枪支管理责任能力,确保必需的保管员数量,并按照涉枪人员管理工作实施要求纳入管理。

(2)落实安全保管的基础设施与器材配套。

①按照相关的标准,落实枪支储存库、储存室、枪支保管专用柜,以及安全门和必要的监视、报警、通信等设施,值班看守设施、工具器材,基本的仓库作业工具,基本的登记制度用品等。

②充分发挥保管员对储存保管设施、器材的使用检查作用,并进行一般维护,确保安保设施、器材可靠;及时组织有关部门、人员维护、维修。

③配置个人保管枪支时的保管器材,并组织定期检查、及时维护。

(3)发挥保管环节的全面制约作用。枪支保管环节,基本上接触到本单位全部枪支管理规章制度的执行情况信息。比如,组织管理方面,保管员需要确认发放枪支的审批人、领取枪支的持枪人资格;对退还枪支检验过程,涉及任务用枪的必要性和使用情况等信息,还涉及清退制度是否及时履行等情况信息;在入库时,涉及本单位全部前期活动信息。同时,它是一道防范重大违反枪支管理规定行为的防火墙。因此,除了严格对保管员管理,确保其具备责任能力之外,还要保障发挥本岗位对本单位枪支使用活动、持枪人动态的掌握和制约作用。重点监督落实入出库(室)凭证审验制度、登记制度情况报告制度。

(4)合理开展枪支保养工作。

枪支配置单位可以根据本单位实际情况,对确实需要设置维修岗位,而又不能专门设置的,可由保管岗位负责进行技术检验、保养操作,及时报告需要进行维修、鉴定的情况。

(5)严格、全面、细致地开展枪支保管工作检查。

鉴于保管环节的重要性,有枪支保管岗位的单位,必须进行定期和不定期的枪支保管工作情况检查。实地、面对面地核实以上四个方面的真实情况,及时纠正违规行为,组织消除安全隐患。

5.枪支管理检查和整改工作的实施要领

(1)枪支管理工作检查与整改。

实施枪支管理工作检查,是对枪支管理工作的真实情况进行现场核实的过程。枪支管理工作整改,是对已经发现的不符合管理规定的组织和实施情况进行调整、修正,或对存在的技术性隐患进行消除的过程。

(2)枪支管理检查与整改工作的重要意义。

实施检查和整改工作,是涉枪单位的法定职责,同时也是体现工作主动性的最重要内容。检查、整改的过程，能够及时发现、中止客观存在的重大安全隐患，发现和纠正尚未发现的认知错误，避免使存在的问题积累而导致重大后果，同时有助于有关单位、人员保持较强的枪支管理意识。此外，实施枪支管理工作检查，是对被检查单位的枪支管理工作情况进行评价的重要程序。

(3)枪支管理检查与整改工作实施的基本要领。

①在工作组织上，按照枪支管理工作组织的要求，以及枪支管理工作实施的基本原则，根据检查和整改工作的规模、工作量，认真落实检查与整改工作组织。

②在工作方法上，必须坚持以规章制度为标准，以现场情况核实为手段，以真实情况为依据，做到客观、准确。

③在工作形式上，要按照枪支管理工作实施的可评价的原则，结合具体情况来实施。

6.枪支管理宣传教育工作的实施要领

(1)枪支管理宣传教育工作实施的目的、意义。

枪支管理宣传教育工作的目的和意义是提高枪支管理人员、涉枪人员和相关人群枪支管理法制意识，保障涉枪人员依法、规范涉枪活动，鼓励群众参与监督，营造对违反枪支管理行为的社会监控氛围，进而提高枪支管理效率，落实各项枪支管理制度。

(2)枪支管理宣传教育工作实施的基本内容与要领。

①对涉枪人员。

把枪支管理法制教育纳入涉枪人员日常管理制度和工作内容之中。

②对涉枪活动的行业与社会环境。

在与涉枪活动相关联的行业单位、行业活动、区域中，组织开展有针对性的、较深入的枪支管理法制宣传活动，增强相关人群对这些涉枪活动合法性的识别能力，抵制非法涉枪活动，并掌握举报渠道。

③对枪械爱好者人群。

在营业性射击场、狩猎场、国防教育场所等对枪支、射击有兴趣的人群聚集场所，以及公开发行的涉及枪支的期刊，要求业主提供枪支管理法制宣传教育的活动(如宣传画、单、警示语和基本的法制知识)；在开展军事知识、射击训练比赛的单位中，要求单位相应开展基本的枪支管理法制教育，并提供相关的宣传资料。

④对整治区域。

在非法枪支活动较突出的重点整治区域，将枪支管理法制教育和宣传工作纳入整治工作方案和措施，由政府组织，宣传部门、教育部门、乡村(街道)和其他相关大企业事业单位共同参与，在新闻媒体、公共场所、单位内部、学校、居民小区等各个方面进行统一的宣传。

第三节　违反枪支管理规定事件的处理

一、违反枪支管理规定事件的概述

(一)违反枪支管理规定事件的概念和特征

违反枪支管理规定事件,是指枪支管理主管机关或者符合枪支配备、配置条件的单位和个人在枪支、弹药配备、配置、监管或者枪支购置、储存、保管、使用、日常管理中,违反枪支管理法律、法规、规章及内部管理规定,尚未造成重大影响,不够刑事处罚或者行政处罚,应当承担行政责任(给予纪律处分)或损害赔偿责任的行为。

违反枪支管理规定事件具有下列特征:

(1)违反枪支管理规定事件的主体是枪支管理主管机关和依法配备、配置枪支、弹药的单位和个人。

枪支管理主管机关是国务院公安部门和各级人民政府公安机关。

公务用枪配备的单位包括公安机关、国家安全机关、监狱、劳动教养机关、人民法院、人民检察院、海关、军工、金融、国家重要的仓储、科研、大型水利、电力、通信工程、机要交通等单位。

公务用枪配备的个人,是指上述国家机关或单位的人民警察、检察人员、组织人员、专职守护、押运人员。专职守护押运人员,具体包括依法配备公务用枪的军工、金融、国家重要物资、大型水利、电力、通信工程、机要交通系统的专职守护、押运人员以及经省、自治区、直辖市人民政府公安机关批准从事武装守护、押运服务的保安服务公司的专职守护、押运人员。

民用枪支配置的单位,包括经批准专门从事射击竞技体育运动的单位,营业性射击场、狩猎场、野生动物保护、饲养、科研单位。上述单位涉及民用枪支监管、保管、使用的相关领导和个人(含猎区的猎民、牧区的牧民)也可以成为违反枪支管理规定事件的主体。

(2)违反枪支管理规定事件就性质而言是违反枪支管理法律、法规、规章及内部管理规定的行为。也就是说,既可能是违反法律(法规、规章)的行为,也可能仅仅是违反内部管理规定的行为。

我国枪支管理方面的法律规范包含多个层次和类别，其中有法律，如枪支管理法、人民警察法；有行政法规，如《人民警察使用警械和武器条例》《专职守护押运人员枪支使用管理条例》；有部门规章，如《公安机关公务用枪管理使用规定》；有其他规范性文件，如《公安民警违反公务用枪管理使用规定行政处分若干规定》、《公安部五条禁令》、《检察人员纪律处分条例(试行)》。

除此之外，公安部、地方公安机关以及相关涉枪行业、系统或单位一般也制定了规范枪支、弹药管理使用的内部规范性文件，如贯彻执行有关法律、法规、规章的通知、意见，某些技术规程等。

(3)违反枪支管理规定事件就后果而言是尚未造成重大影响，不够刑事处罚或者行政处罚的行为。

在我国，各类枪支、弹药由国家实行严格管制，违反枪支管理的违法犯罪行为将依法受到严厉惩处(刑事处罚或者治安行政处罚)。但是，枪支管理主管机关和涉枪单位在管理使用过程中涉及许多具体的环节，其中出现的一些问题尚未达到犯罪或者违反治安管理，不够刑事处罚或者治安行政处罚的程度，应将这类行为认定为违反枪支管理规定事件，以法律、法规、规章及内部管理规定为依据由相关单位领导和具体责任人员承担刑事处罚或者治安行政处罚以外的相应责任。

此外，对于少数违反枪支管理规定的犯罪行为，在对直接责任人员实施刑事处罚的同时，对与该涉枪案件有一定关联，负有领导责任的直接领导、分管领导、主要领导并不构成犯罪的，应依据有关规定给予纪律处分。

(4)违反枪支管理规定事件是应当承担行政责任(给予纪律处分)或损害赔偿责任的行为。

如前所述，违反枪支管理规定事件区别于涉枪刑事案件、治安案件，对这类事件的当事人，不适用刑事处罚或者治安行政处罚，而以法律、法规、规章及内部管理规定为依据进行纪律处分或者依法承担赔偿责任。就责任类型而言，分别属于行政责任(纪律处分)、国家赔偿(行政赔偿、刑事赔偿)责任，特殊情况下也可能属于民事责任(不属于国家赔偿法规定的赔偿义务主体的单位对受害人的经济补偿)。

值得说明的是，现实中还会出现合法使用枪支造成损害的事件。依法配备公务用枪的人员在依照法律规定使用枪支的过程中，偶尔会出现造成无辜人员伤亡或者财产损失的情况，尽管这并不构成违法违纪，但本着人道主义原则，有关法律、法规仍然规定，对该情形下遭受损失的公民由造成事件的单位参照国家赔偿法的有关规定给予补偿。这种主观上无过错、客观上不违法的事件显然不属于违反枪支管理规定事件，但因其还是与枪支使用有关，我们将其作为特殊情形来处理。

(二)违反枪支管理规定事件与涉枪案件的区别

1. 法律关系不同

涉枪刑事案件违反的是刑法,涉枪治安案件违反的是治安行政法律、法规,分别属于刑事法律关系和治安行政法律关系。违反枪支管理规定事件则不属于刑事法律关系和治安行政法律关系。除了违反法律、法规、规章之外,大量的是违反内部管理规定。在性质上两者存在明显的不同。

2. 主体不同

违反枪支管理规定事件的主体为特定主体,即依法享有枪支、弹药配备、配置监督管理权限的公安机关,合法配备、配置枪支、弹药的单位及其所属的享有枪支、弹药管理、使用权的人员。而涉枪案件的主体则较为宽泛,除了以上特定主体外,具有法定责任能力的所有中国公民和外国公民均可以构成。

3. 危害后果不同

较之涉枪案件,违反枪支管理规定事件的危害后果一般比较轻微,或者尚未造成社会危害。不少违反枪支管理规定事件与涉枪案件在客观表现方面比较相近,如果造成较严重后果则构成涉枪案件;如果危害后果比较轻微,或者尚未造成社会危害,则属于违反枪支管理规定事件。

4. 责任类型不同

涉枪案件违反刑事法律或治安行政法律、法规,其承担的是刑事法律责任或治安行政法律责任。违反枪支管理规定事件的责任类型总体而言属于一般行政责任,少数涉及国家赔偿责任和民事责任。

5. 责任追究方式不同

涉枪案件违反的是刑事法律或治安行政法律、法规,在追究相应刑事或治安行政法律责任时,只能由人民法院、人民检察院和公安机关依法进行,其实施和程序要求均很高。违反枪支管理规定事件的责任追究方式,一般由违反枪支管理规定事件所属单位或者其上级主管部门负责调查处理,在调查认定的基础上根据法律、法规、规章及内部管理规定给予行政处分。依据有关规定给予国家赔偿或者补偿的,当事人往往也直接向事件发生单位提出,由事件发生单位做出处理;在发生争议时才提起诉讼。

(三)违反枪支管理规定事件的种类

1. 依照主体类别划分

(1)公安机关及其人民警察违反枪支管理规定事件

公安机关是我国枪支管理的主管机关。一方面，公安机关担负着枪支的配备、配置，枪支管理证件发放，报废枪支收缴、销毁，日常监督管理等重要职责；另一方面，公安机关属于依法符合公务用枪配备范围的系统，各级公安机关人民警察因职业性质和工作需要配备了大量的公务用枪。

在作为主管部门这一层面上，我国枪支管理法第 45 条规定，公安机关工作人员有下列行为之一，未构成犯罪的，依法给予行政处分：

①向本法第 5 条、第 6 条规定以外的单位和个人配备、配置枪支的；

②违法发放枪支管理证件的；

③将没收的枪支据为己有的；

④不履行枪支管理职责，造成后果的。

《专职守护押运人员枪支使用管理条例》第 17 条规定，公安机关有下列行为之一，尚不够刑事处罚的，对直接负责的主管人员和其他直接责任人员依法给予记大过、降级或者撤职的行政处分：

①超出法定范围批准有关单位配备守护、押运公务用枪的；

②为不符合法定条件的人员发放守护、押运公务用枪持枪证件的；

③不履行本条例规定的监督管理职责，造成后果的。

在作为公务用枪使用单位这一层面上，《公安机关公务用枪管理使用规定》作了详细而明确的规定，本节后半部分将具体阐述。

(2)其他配备公务用枪的国家机关及其管理、使用公务用枪人员违反枪支管理规定事件

我国枪支管理法第 5 条第 1 款规定："公安机关、国家安全机关、监狱、劳动教养机关的人民警察，人民法院的司法警察，人民检察院的司法警察和担负案件侦查任务的检察人员，海关的缉私人员，在依法履行职责时确有必要使用枪支的，可以配备公务用枪。"依照该法规定，国务院批准发布了《公务用枪配备办法》，对配备的具体范围和情形作了详细规定。以上单位及其相关工作人员必须依法管理、使用枪支，在保管、携带、维护保养、使用等方面出现违法违纪行为，即可能构成违反枪支管理规定事件。

目前，一些配备公务用枪的国家机关针对本系统的情况制定了内部管理规定，如最高人民检察院制定的《人民检察院枪支管理规定》。该规定的违反枪支管理规定事件还包括：违反枪支配备标准和范围配发枪支或者借用公务用枪的事件。使用公务用枪人员不符合规定条件的事件。不依法领取《中华人民共和国公务用枪持枪证》事件。违反规定携带枪支事件(具体包括：携带枪支未携带《中华人民共和国公务用枪持枪证》和枪证；因麻痹大意造成枪支被抢、被盗、丢失；将枪支、弹药交给他人玩弄、保管和使用；将枪支、弹药存放在家

中、办公室的普通柜内或其他不安全的地方;用枪支开玩笑和枪口对人;带枪饮酒、游览公共场所或探亲访友;带枪进京,未按有关规定办理手续;用枪在他人面前炫耀、耍威风或恫吓群众;玩弄枪支、随意鸣枪或打猎)。违反规定使用枪支事件(具体包括使用枪支后未保护好现场,未及时报告当地公安机关和所在检察机关)。违反枪支管理规定事件(具体包括未实行执行公务时领用,执行公务后及时归还单位的集中统一保管制度;未建立执行公务需要用枪支时,须经部门负责人同意、主管检察长批准的枪支领用制度;未指定具备配枪资格的司法警察负责枪支的保管工作;未按照规定将枪支放在安全可靠的枪库、检柜中;枪、弹未分开存放,或者枪库未安装报警、防盗、消防装置;将枪支、弹药自行转售、转让或赠送其他单位和个人;与其他单位和个人交换枪支、弹药或以枪支、弹药交换其他物品;未建立枪支定期保养制度;发生枪支、弹药被抢、被査、丢失和涉枪伤亡等事故,未保护好现场,认真追查处理,并立即报告当地公安机关和上级人民检察院;未对枪支、弹药的使用管理情况定期检查)。未遵守枪支、弹药的购置、运输、封存和消耗管理规定事件(具体包括未指定主管部门和专人负责枪支、弹药的计划编造,统一购置、分发和管理;所购枪支未及时到公安机关建立弹痕档案并办理枪证;按标准配备后的多余枪支、弹药未交由省级人民检察院集中,按有关规定办理封存、调剂;已配发和封存的枪支、弹药未造册登记,建立档案;枪支、弹药的运输,未事先向公安机关如实申报运输枪支、弹药的品种、数量和运输路线、方式,领取运输许可证;运输枪支、弹药未使用安全可靠的封闭式运输设备,枪、弹分开运输,专人押运;执行公务或训练消耗的子弹未及时办理消耗登记手续,逐级上报,以待补充;对报废枪支、弹药未造册登记,统一销毁,并办理注销枪证手续和备案手续)。

(3)国家重要的军工、金融、仓储、科研等单位的专职守护、押运人员违反枪支管理规定事件

我国枪支管理法第 5 条第 2 款规定:"国家重要的军工、金融、仓储、科研等单位的专职守护、押运人员在执行守护、押运任务时确有必要使用枪支的,可以配备公务用枪。"以上单位及其负责管理公务用枪的相关工作人员和具体使用公务用枪的专职守护、押运人员必须依法管理、使用枪支,在保管、携带、维护保养、使用等方面出现违法违纪行为,即可能构成违反枪支管理规定事件。为规范这些单位对枪支的管理和日常使用,国务院专门公布了《专职守护押运人员枪支使用管理条例》。

以专职守护、押运人员所属单位为主体的违反枪支管理规定事件大致包括:

未建立或者未能有效执行持枪人员管理责任制度的事件;未建立或者未执行枪支、弹药保管、领用制度和枪支安全责任制度的事件(具体包括未设立专门的枪支保管库(室)或者使用专用保险柜事件;未实行将配备的枪支、弹药集中统一保管事件;未实行枪支与弹药分开存放,实行双人双锁,并且 24 小时有人值班事件;存放枪支、弹药的库(室)门窗不坚固

或者未安装防盗报警设施事件）；将不符合法定条件的专职守护、押运人员报送公安机关审批或者允许没有持枪证件的人员携带、使用枪支的事件；未建立或者未能有效执行枪支、弹药管理制度，造成枪支、弹药被盗、被抢或者丢失的事件；枪支、弹药被盗、被抢或者丢失，未及时报告公安机关的事件；不按照规定审验枪支的事件；不上缴报废枪支的事件；所在单位接到专职守护、押运人员使用枪支的报告后，不立即报告所在地公安机关，并在事后向所在地公安机关报送枪支使用情况的书面报告的事件。

以专职守护、押运人员为主体的违反枪支管理规定事件大致包括：

执行任务时携带枪支、弹药发生丢失、被盗、被抢事件；枪支、弹药丢失、被盗、被抢，未及时报告公安机关的事件；使用枪支后不立即向所在单位和案发地公安机关报告事件；执行任务后不及时交还枪支、弹药事件；非执行守护、押运任务时携带枪支、弹药事件；携带枪支、弹药饮酒或者酒后携带枪支、弹药事件。

(4)民用枪支管理、使用单位及其相关人员违反枪支管理规定事件

民用枪支是我国枪支管理的一项重要内容。依照我国枪支管理法规定，民用枪支包括射击运动枪支、猎枪、麻醉注射枪。

经省级人民政府体育行政主管部门批准专门从事射击竞技体育运动的单位、经省级人民政府公安机关批准的营业性射击场，可以配备射击运动枪支；经省级以上人民政府林业行政主管批准的狩猎场，可以配置猎枪；野生动物保护、饲养、科研单位因业务需要，可以配置猎枪、麻醉注射枪。猎民在猎区，牧民在牧区，可以申请配置猎枪。

配置上述民用枪支的单位和个人，在配购、携带、运输、保管、使用或其他环节中出现违法违纪行为，或者民用枪支的制造、配售单位在制造、配售过程中出现违法违纪行为，不够刑事处罚或治安行政处罚的，按照违反枪支管理规定事件来处理。

2.依照事件性质划分

(1)违反枪支配备、配置管理规定的事件

违反枪支配备、配置管理规定的事件，是指违反枪支管理法，向该法第5条、第6条规定以外的单位和个人配备、配置枪支的行为。国务院批准发布的《公务用枪配备办法》，对枪支配备的具体范围和情形作了详细规定。根据《公务用枪配备办法》，违反枪支配备管理规定的行为具体包括：违反配备范围规定，向法定配备单位和人员以外的单位和个人配备枪支行为；违反配备品种规定配备枪支行为；违反配备数量规定配备枪支行为。

违反民用枪支的配置管理规定的行为与此相类似，具体包括：违反配置范围规定，向法定配置单位和人员以外的单位和个人配备枪支行为；违反配置品种规定配置枪支行为；违反配置数量规定配置枪支行为。

在以上违法行为之外，还可以衍生出以下行为：公安机关主管公务用枪配备审批工作

的领导,对不符合配发条件的人员批准配发公务用枪行为;公务用枪管理人员明知领导违反规定批准配发公务用枪,不提出意见即予以配发行为。

(2)违反枪支日常管理规定的事件

未建立或者未能有效执行持枪人员管理责任制度和枪支安全责任制度的事件;未建立或未执行枪支、弹药保管制度事件;来建立或未执行枪支、弹药领用制度事件;私自与其他单位和个人调换枪支、弹药或以枪支、弹药交换其他物品事件;过失造成枪支被抢、被盗、丢失事件;发生枪支被抢、被盗、丢失和涉枪伤亡等事故,未按规定追查处理并立即报告事件;所购枪支未及时建立弹痕档案并办理枪证事件;未建立枪支定期保养制度事件;未对枪支、弹药的使用管理情况定期检查事件;未遵守枪支、弹药的购置、运输、封存和消耗管理规定事件;按标准配备后多余枪支、弹药未按有关规定办理封存、调剂事件;已配发和封存的枪支、弹药未造册登记,建立档案事件;报废枪支、弹药未按规定造册登记事件;未办理注销枪证手续和备案手续事件;枪支、弹药被抢、被盗或者丢失,不及时报告事件;不按照规定审验枪支事件;不上缴报废枪支事件;执行任务后不及时交还枪支、弹药事件;等等。

(3)不依法运输、携带、使用枪支的事件

这类事件具体包括:枪支、弹药运输未事先如实申报并领取运输许可证事件;运输枪支、弹药未执行安全标准规定事件;执行公务或训练消耗的子弹未及时办理消耗登记并及时上报事件;不依法领取《中华人民共和国公务用枪持枪证》事件;携带枪支未携带《中华人民共和国公务用枪持枪证》和枪证;带枪酗酒、游览公共场所或探亲访友事件;带枪进京,未按有关规定办理手续事件;携带枪支、弹药饮酒或者酒后携带枪支、弹药事件;将枪支、弹药交给他人玩弄、保管和使用的事件;借用公务用枪的事件;使用公务用枪的人员不符合规定条件的事件;用枪在他人面前炫耀、耍威风或恫吓群众事件;玩弄枪支、随意鸣枪或打猎事件;使用枪支后未保护好现场,未及时报告事件等。

(4)违法使用枪支造成损害的事件

有关法律,法规对枪支特别是公务用枪的使用范围、条件和原则作了明确规定。超出法律规定的范围或者不依照法律规定的条件、程序,不遵循法定原则使用枪支,均属于违法使用枪支。由此造成人员伤亡、财产损失,则属于违法使用枪支流成损害的事件。对这类事件,在给予刑事处罚、治安行政处罚或者行政处分的同时,还应当依法承担赔偿责任。

《人民警察使用警被和武器条例》第 14 条规定:“人民警察违法使用警械、武器,造成不应有的人员伤亡、财产损失,构成犯罪的,依法追究刑事责任;尚不构成犯罪的,依法给予行政处分;对受到伤亡或者财产损失的人员,由该人民警察所属机关依照《中华人民共和国国家赔偿法》的有关规定给予赔偿。”《专职守护押运人员枪支使用管理条例》第 16 条第 2 款规定:“专职守护、押运人员违反本条例的规定使用枪支,造成人员伤亡或者财产损失的,除依法受到刑事处罚或者行政处罚外,还应当依法承担赔偿责任。”

(5)无过错事件

无过错事件是违反枪支管理规定事件的一种特殊形态,这里主要是指合法使用枪支造成损害的事件。

依法配备公务用枪的人员在依照法律规定使用枪支的过程中,偶尔会出现造成无辜人员伤亡或者财产损失的情况,尽管这并不构成违法违纪,但本着人道主义原则,有关法律、法规仍然规定,对该情形下遭受损失的公民由造成事件的单位参照国家赔偿法的有关规定给予补偿。

《人民警察使用警械和武器条例》第15条规定:“人民警察依法使用警械、武器,造成无辜人员伤亡或者财产损失的,由该人民警察所属机关参照《中华人民共和国国家赔偿法》的有关规定给予补偿。”《专职守护押运人员枪支使用管理条例》第16条第1款规定:“专职守护、押运人员依照本条例的规定使用枪支,造成无辜人员伤亡或者财产损失的,由其所在单位依法补偿受害人的损失。”

(四)公安机关及其人民警察常见违反枪支管理规定事件

1.违反规定配备、配置枪支

违反规定配备、配置枪支,主要是指作为枪支管理的主管机关违反规定批准枪支管理法第5条、第6条规定以外的单位和个人配备、配置枪支,属于法定范围但超标配备、配置枪支,以及配备、配置枪支过程中越权、失职、违反内部程序规定的其他行为。具体见本节第三部分“违反枪支管理规定事件的种类”。

除此之外,公安机关作为配备枪支单位,可能出现以下事件,具体包括:所配备的公务用枪超过规定标准隐瞒不报的行为;对所配备的公务用枪不及时申领持枪证件,经指出仍不改正的行为;擅自购置公务用枪和弹药的行为;不上报报废的公务用枪的行为。

2.违反规定发放持枪证件

违反规定发放持枪证件,是指违反法律、法规设定的权限,或者不依照法定条件、范围和程序发放持枪证件的行为。具体情形包括:超越职权发放持枪证件的行为;为非法定范围或其他不符合条件的单位和个人发放持枪证件的行为;发放持枪证件过程中出现把关不严、失察等其他渎职行为。

3.将收缴、扣留的枪支、弹药据为己有

将收缴、扣留的枪支、弹药据为己有,是指在枪支监督管理过程中或者办理有关案件中对散失于社会的各种公务用枪、民用枪支或其他枪支、弹药,相关单位报废的枪支、弹药,其他应予收缴、扣留的枪支、弹药等,未按规定造册登记、上报,集中统一销毁,而是擅自据为本单位或者个人所有的行为。

4.不履行枪支监督管理职责

不履行枪支监督管理职责,是指枪支管理主管机关及主管人员对其管辖范围内依法配备、配置枪支的单位和个人管理、使用枪支的情况,不履行或者不积极履行法定检查、核验、监督、指导职责的行为。

5.本单位所配备的公务用枪管理中违反有关规定

本单位所配备的公务用枪管理中违反有关规定具体包括:未建立和落实枪支管理制度的行为;未明确枪支管理责任的行为;未在牢固的专用保管设施内保管枪支,或者枪支、弹药未分开存放的行为;存放公务用枪的库(室)无人值班、看护或者无安全防范措施的行为;枪支管理档案不完善的行为;枪支的种类、型号、数量与账目不一致的行为;配备的枪支未经弹痕检验的行为;不严格执行枪支领退制度,查验、登记、存放、领取手续不全,弹药消耗不清的行为;未按规定集中保管枪支的行为;枪支丢失、被盗、被抢而没有向当地公安机关和所在单位报告的行为;公务用枪保管人员对应集中保管的公务用枪不及时督促收回,致使公务用枪丢失、被盗、被抢的行为;应当收回所配枪支未及时收回的行为。

6.违反规定佩带、携带枪支

违反规定佩带、携带枪支具体包括:非警务活动携带枪支的行为;携带枪支而未携带《中华人民共和国公务用枪持枪证》或所携带枪支的枪型、枪号与所携带持枪证上登记的内容不一致的行为;在经设区的市级以上人民政府公安机关确定的禁止携带枪支的区域或场所携枪的行为;携带枪支饮酒的行为;非工作需要携枪进入公共娱乐场所的行为;非执行任务需要而使用非制式装具携带枪支的行为;将枪支交给非人民警察携带或保管的行为;非经许可携带枪支乘坐民航飞机的行为;非经许可携带枪支进入北京市区的行为;非经许可携带枪支执行警卫任务的行为;等等。

7.违反规定使用枪支

违反规定使用枪支具体包括:使用所配枪支狩猎的行为;私自修理枪支或更换枪支零部件的行为;擅自使用装备弹药的行为;查处一般治安案件未遇暴力袭击时鸣枪、开枪的行为;公安民警在非公务活动中使用公务用枪威胁他人的行为;违反规定使用枪支未造成后果的其他行为。

8.使用枪支造成无辜人员伤亡或者不应有的财产损失

此种情况指的是合法使用枪支造成无辜人员伤亡或财产损失。无辜人员指的是不属于法定涉及对象的人;不应有的财产损失指的是本可以避免的财产损失。

9.违反其他法律、法规的有关规定

违反其他法律、法规的有关规定具体包括:出租、出借、转让、赠送、交换所配枪支的行为;不按照规定接受枪支主管部门的查验和年审的行为;不上报报废的公务用枪的行为;枪支发生事故而没有向当地公安机关和所在单位报告的行为;指挥失误或者枪支管理措施不当,导致公安民警执行法律规定可以使用武器的公务时,因未携带、使用枪支发生民警伤亡的行为。

二、违反枪支管理规定事件的责任认定

(一)违反枪支管理规定事件责任认定的法律依据

如前所述,违反枪支管理规定事件触犯的法律规范包含法律、行政法规、规章或其他规范性文件等多个层次和类别。在认定事件构成与否、应承担何种行政责任时,无疑应区分情况,分门别类地依据这些具体的法律规范认定责任。

1. 法律

作为违反枪支管理规定事件认定依据的法律,主要是枪支管理法、人民警察法、国家赔偿法。

枪支管理45条规定:"公安机关工作人员有下对行为之一的,依法追究刑事责任:未构成犯罪的,依法给予行政处分;(一)向本法第五条、第六条规定以外的单位和个人配备、配置枪支的;(二)违法发给枪支管理证件的;(三)将收缴的枪支据为己有的;(四)不履行枪支管理职责,造成后果的。"

人民警察法第49条规定:"人民警察违反规定使用武器、警械,构成犯罪的,依法追究刑事责任;尚不构成犯罪的,应当依法给予行政处分。"第50条规定:"人民警察在执行任务中,侵犯公民或者组织的合法权益造成损害的,应当依照《中华人民共和国国家赔偿法》和其他有关法律、法规的规定给予赔偿。"

国家赔偿法第2条第1款规定:"国家机关和国家机关工作人员违法行使职权侵犯公民、法人和其他组织的合法权益造成损害的,受害人有依照本法取得国家赔偿的权利。"第3条第四项规定,行政机关及其工作人员在行使行政职权时违法使用武器、警械造成公民身体伤害或者死亡的,受害人有取得赔偿的权利。第4条第四项规定,行政机关及其工作人员在行使行政职权时有造成财产损害的其他违法行为,受害人有取得赔偿的权利。第15条第五项规定,行使侦查、检察、审判、监狱管理职权的机关及其工作人员在行使职权时违法使用武器、警械造成公民身体伤害或者死亡的,受害人有取得赔偿的权利。

2. 行政法规

作为违反枪支管理规定事件认定依据的行政法规,主要是《人民警察使用警械和武器

条例》《专职守护押运人员枪支使用管理条例》。

《人民警察使用警械和武器条例》第14条规定:“人民警察违法使用警械、武器,造成不应有的人员伤亡、财产损失,构成犯罪的,依法追究刑事责任;尚不构成犯罪的,依法给予行政处分;对受到伤亡或者财产损失的人员,由该人民警察所属机关依照《中华人民共和国国家赔偿法》的有关规定给予赔偿。”第15条规定:“人民警察依法使用警械、武器,造成无辜人员伤亡或者财产损失的,由该人民警察所属机关参照《中华人民共和国国家赔偿法》的有关规定给予补偿。”

《专职守护押运人员枪支使用管理条例》第15条规定:“依法配备守护、押运公务用枪的单位违反枪支管理规定,有下列情形之一的,对直接负责的主管人员和其他直接责任人员依法给予记大过、降级或者撤职的行政处分或者相应的纪律处分;造成严重后果的,依照刑法关于玩忽职守罪、滥用职权罪、丢失枪支不报罪或者其他罪的规定,依法追究刑事责任:(一)未建立或者未能有效执行持枪人员管理责任制度的;(二)将不符合法定条件的专职守护、押运人员报送公安机关审批或者允许没有持枪证件的人员携带、使用枪支的;(三)使用枪支后,不报告公安机关的;(四)未建立或者未能有效执行枪支、弹药管理制度,造成枪支、弹药被盗、被抢或者丢失的;(五)枪支、弹药被盗、被抢或者丢失,未及时报告公安机关的;(六)不按照规定审验枪支的;(七)不上缴报废枪支的;(八)发生其他涉枪违法违纪案件的。”第16条规定:“专职守护、押运人员依照本条例的规定使用枪支,造成无辜人员伤亡或者财产损失的,由其所在单位依法补偿受害人的损失。专职守护、押运人员违反本条例的规定使用枪支,造成人员伤亡或者财产损失的,除依法受到刑事处罚或者行政处罚外,还应当依法承担赔偿责任。”第17条规定:“公安机关有下列行为之一,造成严重后果的,对直接负责的主管人员和其他直接责任人员依照刑法关于滥用职权罪、玩忽职守罪的规定,依法追究刑事责任;尚不够刑事处罚的,依法给予记大过、降级或者撤职的行政处分:(一)超出法定范围批准有关单位配备守护、押运公务用枪的;(二)为不符合法定条件的人员发放守护、押运公务用枪持枪证件的;(三)不履行本条例规定的监督管理职责,造成后果的。”此外,该条例规定了相关单位及其专职守护、押运人员应当遵守的具体情形。例如,第9条规定:“专职守护、押运人员使用枪支后,应当立即向所在单位和案发地公安机关报告;所在单位和案发地公安机关接到报告后,应当立即派人抵达现场。专职守护、押运人员的所在单位接到专职守护、押运人员使用枪支的报告后,应当立即报告所在地公安机关,并在事后向所在地公安机关报送枪支使用情况的书面报告。”第10条规定,“依法配备守护、押运公务用枪的单位,应当建立、健全持枪人员管理责任制度,枪支弹药保管、领用制度和枪支安全责任制度”。第11条规定:“依法配备守护、押运公务用枪的单位应当设立专门的枪支保管库(室)或者使用专用保险柜,将配备的枪支、弹药集中统一保管。枪支与弹药必须分开存放,实行双人双锁，并且24小时有人值班。存放枪支、弹药的库（室）门窗必须坚固并安装防盗报警设施。”第12条规定：“专职守护、押运人员执行任务携带枪支、弹药，必须妥善保管，严防丢失、被盗、被抢或者发生其他事故；任务执行完毕，必须立即将枪支、弹药交还。严禁非执行守护、押运任务时携带枪支、弹药，严禁携带枪支、弹药饮酒或者酒后携带枪支、弹药。”第13条规定：“公安机关应当对其管辖范围内依法配备守护、押运公务用枪的单位建立、执行枪支管理制度的情况，定期进行检查、监督。”第14条第1款规定：“专职守护、押运人员有下列情形之一的，所在单位应当停止其执行武装守护、押运任务，收回其持枪证件，并及时将持枪证件上缴公安机关：（一）拟调离专职守护、押运工作岗位的；（二）理论和实弹射击考核不合格的；（三）因刑事案件或者其他违法违纪案件被立案侦查、调查的；（四）擅自改动枪支、更换枪支零部件的；（五）违反规定携带、使用枪支或者将枪支交给他人，对枪支失去控制的；（六）丢失枪支或者在枪支被盗、被抢事故中负有责任的。”

3.规章或者其他规范性文件

公安部、其他国家机关根据上述法律、行政法规，通过规章或者其他规范性文件的方式，对违反枪支管理规定事件进行了具体、明确的规定。这类规定也是认定、处理违反枪支管理规定事件时直接援引的依据。例如，《公安机关公务用枪管理使用规定》《人民检察院枪支管理规定》、公安部《关于实施〈公安机关公务用枪管理使用规定〉有关问题的通知》、公安部关于印发《公安机关警械、武器库（室）管理规定》和〈公安机关警械、武器管理人员守则〉的通知》《公安民警违反公务用枪管理使用规定行政处分若干规定》《公安部五条禁令》《检察人员纪律处分条例（试行）》等。

《人民检察院枪支管理规定》第8条规定：“使用公务用枪人员，有下列情形之一的，应当取消其配枪资格，由所在单位收回枪支和持枪证件：（一）离开配备公务用枪岗位的；（二）因刑事犯罪或重大违法违纪案件被立案侦查或调查的；（三）丧失依法安全使用枪支行为能力的；（四）理论和实弹射击考核不合格的；（五）有酗酒恶习的；（六）违反规定滥用枪支的；（七）违反枪支保管、使用规定造成枪支丢失、被盗、被抢的；（八）其他应取消配备公务用枪资格的情形。”

《人民检察院枪支管理规定》第30条规定：“对违反本办法，造成枪支、弹药事故的单位和个人，视情节轻重，对主管负责人和直接责任人，分别给予批评教育和纪律处分。构成犯罪的，依法追究刑事责任。”

《检察人员纪律处分条例（试行）》规定，检察人员违反枪支管理规定，擅自携带枪支、弹药进入公共场所的，给予警告、记过或者记大过处分。私存枪支、弹药的，给予降级、撤职或者开除处分。将枪支、弹药供给他人使用的，给予记过或者记大过处分；造成严重后果的，给予降级、撤职或者开除处分。违反枪支管理规定，致使枪支丢失、被盗、被骗的，给予记过、记大过或者降级处分;造成严重后果的,给予撤职或者开除处分。因管理使用不当,造成枪支走火,致人伤残、死亡的,给予记大过以上处分。

《公安部五条禁令》中涉及枪支管理部分的规定包括:严禁违反枪支管理使用规定,违者予以纪律处分;造成严重后果的,予以辞退或者开除。严禁携带枪支饮酒,违者予以辞退;造成严重后果的,予以开除。民警违反上述禁令的,对所在单位直接领导、主要领导予以纪律处分。民警违反规定使用枪支致人死亡,或者持枪犯罪的,对所在单位直接领导、主要领导予以撤职;情节恶劣、后果严重的,上一级单位分管领导、主要领导应引咎辞职或者予以撤职。对违反上述禁令的行为,隐瞒不报、压案不查、包庇袒护的,一经发现,从严追究有关领导责任。

(二)违反枪支管理规定事件的责任认定

违反枪支管理规定事件的责任认定是查明事件原因、确定事件性质、查明事件造成损失或危害情况、确定事件责任人的一项专门工作,是对事件本身进行有效处置和对事件责任人进行处理的前提和基础。

违反枪支管理规定事件的调查和责任认定,应本着合法、及时、全面、客观、公正的原则。

对违反枪支管理规定事件的责任认定一般包括以下步骤和环节:

1. 建立事件调查和责任认定组织

违反枪支管理规定事件发生后,所属单位要根据事件的性质、规模、后果等情况成立事件调查组织,确定调查人员。

发生违反枪支管理规定事件,一般由所在单位或者其上级主管部门负责调查处理和责任认定。在这些单位内部,一般应明确具体的调查处理和责任认定的部门,确定具体的调查处理人员,例如,《公安机关公务用枪管理使用规定》第 9 条规定,各级公安机关的警务督察部门负责对违反公务用枪管理使用规定的案件进行查处。公安部《关于实施〈公安机关公务用枪管理使用规定〉有关问题的通知》中明确规定,“各级公安机关的纪检、监察、督察部门要充分发挥职能作用,依据有关规定严肃追究直接责任人和有关领导的党纪政纪责任”。

事件调查组织和人员应在本单位领导和上级主管部门领导下客观、公正地进行调查,既要遵循组织程序,接受组织领导,也要独立、负责地履行职责。

对于应承担国家赔偿或者损害补偿的违反枪支管理规定事件,当事人向人民法院提起诉讼的,由人民法院判决或裁定。但事件发生单位一般应承担举证责任,因此,所在单位或其上级主管部门也应积极调查。对事件造成的直接和间接经济损失,必要时可以聘请有关专业人员或委托专业机构进行调查认定。

2.事件原因、经过和结果的调查分析

事件调查组织和人员应本着高度负责的精神和实事求是的原则，就事件发生时间、具体位置、经过情况、涉及人员、损害后果和造成的影响，以及事件原因、直接起因、相关影响因素等进行全面、深入、细致的调查分析。根据事件的具体情况，可综合运用现场勘查、调查走访、技术鉴定等手段。

3.事件性质的确认

在调查获取有关情况的基础上，应对照有关法律、法规、规章和其他规范性文件，就事件性质和类型进行认真的研究分析。准确判定事件性质，应注意把握以下界限：

第一，区分是责任事件还是非责任事件，是否属于违反枪支管理规定事件；区分是单一的违反枪支管理规定事件还是与其他刑事、治安案件相互交织的违反枪支管理规定事件。

第二，区分是故意违反法律、法规和有关规定的事件还是由于疏忽大意或者过于自信的过失行为造成的事件。

第三，区分是一般性事件还是重大事件。

4.责任人和具体责任的认定

在事件性质认定的同时还应准确确定责任人，明确具体责任。认定违反枪支管理规定事件的责任人一般并不难，关键是不要包庇护短、碍于人情或者受其他不应有的人为阻力干扰。一般而言，违反枪支管理规定事件的责任人包括直接责任人和间接责任人。直接责任人，是指对事件发生产生直接作用、直接导致事件发生的人员；间接责任一般是指所谓的“领导责任”，间接责任人具体包括直接领导者、分管领导者、主要领导者。

《公安机关公务用枪管理使用规定》第42条规定，公安机关人民警察违法使用枪支造成人员伤亡、财产损失构成犯罪的，或者丢失、被盗枪支不及时报告造成严重后果，构成犯罪的，应当依法追究直接责任人员的法律责任，并按照《公安机关追究领导责任暂行规定》追究其所属公安机关直接领导者、分管领导者和主要领导者的责任。

三、对违反枪支管理规定事件的处理

从逻辑和事实上看，对违反枪支管理规定事件的处理包括对事件本身的处理，即对事件造成的危害、损害后果以及可能引起的社会影响做出及时、有效的处置和应对（包括善后处理），也包括对事件责任人的处分。广义的处理还包括对事件的调查和责任认定活动。

(一)对事件本身的处理

违反枪支管理规定事件发生后，在迅速做出反应及时对事件展开调查的同时，对事件本身应进行及时、认真的处置。就时间维度或者事件处理阶段而言，事件处理包括先期处置、事中处置和善后处理。先期处置是事件发生后首先进行的，如现场保护、现场勘查、受伤人员救护、现场秩序恢复。事中处置和善后处理则常常是和事件调查同时进行或交叉进行的。对违反枪支管理规定事件本身的处理应注意把握以下环节：

1. 避免产生危害后果，恢复正常秩序

发生违反枪支管理规定事件，应及时纠错，恢复正常秩序，避免事件涉及的枪支、弹药产生进一步的危害后果。有人员受伤的事件，应及时抢救伤员，并做好其本人和家属的安抚工作；财物遭受损失的事件，应采取有效措施减小损失，减轻危害；有人员死亡的事件，应妥善做好家属的工作，避免因该事件引起矛盾激化，引发过激行为甚至群体性治安事件。

2. 消除负面影响

违反枪支管理规定事件发生后，往往可能在本单位、本系统甚至社会上产生一定程度的影响，因此，在对事件进行及时、合理处理的同时，还应努力减少、消除负面影响。在内部，可利用事件案例开展警示教育，必要时可开展专门整顿活动。

3. 总结教训，及时整改

根据事件发生的原因，认真总结教训，对存在的隐患、漏洞或薄弱环节及时整改，进一步健全、落实枪支管理使用制度，完善枪支管理使用机制，加强教育，改进作风，以杜绝类似事件的再次发生。

(二)对事件责任人的处分

下面仅就公安机关对其内部所发生的违反枪支管理规定事件责任人的行政处分进行介绍。

行政处分包括：警告、记过、记大过、降级、开除。

《公安民警违反公务用枪管理使用规定行政处分若干规定》(以下简称《规定》)第2条规定："公安民警违反公务用枪使用规定，构成犯罪的，依法追究刑事责任，并给予行政开除处分；尚不构成犯罪的，依照本规定给予行政处分。同时，按照《人民警察警衔工作管理办法》的规定，给予降低警衔、取消警衔处分或者做出延期晋升警衔处理。"

1. 对枪支配备、配置工作中违反枪支管理规定事件责任人的处分

违反《规定》发放公务用枪持枪证件或者超范围配发枪支，未造成严重后果(尚不构成犯罪)的，对直接责任人员和直接负责的主管人员给予行政处分。

《规定》第 4 条规定:“公安机关主管公务用枪配备审批工作的领导,对不符合配发条件的人员批准配发公务用枪的,给予记大过处分;造成公务用枪丢失、被抢、被盗的,给予降级或者撤职处分;丢失、被抢、被盗的公务用枪被犯罪分子利用进行杀人、抢劫、强奸等犯罪活动或者发生致人伤残、死亡等严重后果的,给予开除处分。公务用枪管理人员明知领导违反规定批准配发公务用枪,不提出意见即予以配发的,依照前款规定,给予记过直至撤职处分。”

2. 对配枪资格审查部门违反枪支管理规定事件责任人的处分

《规定》第 5 条规定:“配枪资格审查部门不按规定对申请持枪人员进行资格审查或者应当取消持枪人员资格而未及时取消的,给予直接责任人员记过或者记大过处分,给予部门负责人警告或者记过处分;造成严重后果的,给予直接责任人员降级或者撤职处分,给予部门负责人记大过或者降级处分。”

3. 对配备枪支单位违反枪支管理规定事件责任人的处分配备枪支单位违反枪支管理规定事件具体包括:配备枪支单位所配备的公务用枪超过规定标准隐瞒不报的;对所配备的公务用枪不及时申领持枪证件,经指出仍不改正的;所配备的公务用枪未集中保管的;不严格枪支领退制度,查验、登记、存放、领取手续不全,弹药消耗不清的;存放公务用枪的库(室)无人值班、看护或者无安全防范措施,造成集中保管的公务用枪丢失、被盗的;擅自购置公务用枪和弹药的;不上报报废的公务用枪的。以上行为尚未构成犯罪的,对直接负责的主管人员和其他直接责任人员给予行政处分。

4. 对公安民警违反公务用枪携带、保管规定事件责任人的处分

违反规定佩带、携带、使用公务用枪情节轻微尚未构成犯罪的,对直接负责的主管人员和其他直接责任人员给予行政处分。具体包括:

公安民警违反公务用枪携带、保管规定,致使公务用枪丢失、被盗、被抢的,给予警告直至记大过处分,不及时报告的,从重处分;造成严重后果的,给予开除处分。

公务用枪保管人员对应集中保管的公务用枪不及时督促收回,致使公务用枪丢失、被盗、被抢的,给予警告或者记过处分;造成严重后果的,给予记大过直至撤职处分。

公安民警非工作需要携枪进入宾馆、饭店、商场和歌舞厅等公共场所的,给予警告直至记大过处分。

公安民警携枪饮酒的,给予警告直至记大过处分;酒后掏枪滋事、鸣枪的,给予降级直至开除处分。

依法配备公务用枪的公安民警违反规定,将所配枪支交给非公安民警或者不具备携带、保管资格的公安民警携带、保管的,给予警告直至记大过处分;造成严重后果的,给予降级直至开除处分。

对公安民警违反公务用枪携带、保管规定事件的所属单位领导，区别情况分别给予直接领导责任者、分管领导责任者和主要领导责任者警告直至撤职处分。

5. 对出租、出借公务用枪事件责任人的处分

公安民警出租、出借所配备或者管理的公务用枪的，给予开除处分。

单位出租、出借公务用枪的，对审批领导和其他责任人员，依照上述规定给予处分。

对出租、出借公务用枪事件的所属单位领导，区别情况分别给予直接领导责任者、分管领导责任者和主要领导责任者警告直至撤职处分。

6. 对枪支使用过程中违反枪支管理规定事件责任人的处分

公安民警在非公务活动中使用公务用枪威胁他人的，给予降级直至开除处分。

公安民警违反规定，在查处一般治安案件未遇暴力袭击时鸣枪、开枪的，给予警告直至记大过处分；造成严重后果的，给予降级直至开除处分。

对枪支使用过程中违反枪支管理规定事件的所属单位领导，区别情况分别给予直接领导责任者、分管领导责任者和主要领导责任者警告直至撤职处分。

指挥失误或者枪支管理措施不当，导致公安民警执行法定可以使用武器的公务时，因未携带、使用枪支发生民警伤亡的，给予负有直接责任的人员降级直至开除处分，给予其他责任人员记大过直至撤职处分。

7. 对其他违反公务用枪管理使用规定事件责任人的处分

对公安民警其他违反公务用枪管理使用规定的行为，如擅自使用装备弹药的，违反规定使用枪支未造成后果的，应当依照有关法律、法规和公安部的规定给予相应的行政处分。

《公安机关公务用枪管理使用规定》第 37 条规定："对违反本规定的人民警察，依据有关规定采取停止执行职务和禁闭的措施。"

《公安部五条禁令》对违反枪支管理规定事件规定了较为严厉的处分，即：严禁违反枪支管理使用规定，违者予以纪律处分；造成严重后果的，予以辞退或者开除。严禁携带枪支饮酒，违者予以辞退；造成严重后果的，予以开除。民警违反上述禁令的，对所在单位直接领导、主要领导予以纪律处分。民警违反规定使用枪支致人死亡，或者持枪犯罪的，对所在单位直接领导、主要领导予以撤职；情节恶劣、后果严重的，上一级单位分管领导、主要领导应引咎辞职或者予以撤职。对违反上述禁令的行为，隐瞒不报、压案不查、包庇袒护的，一经发现，从严追究有关领导责任。

（三）对受害人权益的维护与保障

1. 国家赔偿

违反规定使用枪支，造成公民身体伤害、死亡或者财产损失的，应当依法予以国家

赔偿。

国家赔偿法第2条第1款规定:“国家机关和国家机关工作人员违法行使职权侵犯公民、法人和其他组织的合法权益造成损害的,受害人有依照本法取得国家赔偿的权利。”第3条第四项规定,行政机关及其工作人员在行使行政职权时,违法使用武器、警械造成公民身体伤害或者死亡的,受害人有取得赔偿的权利。第4条规定,行政机关及其工作人员在行使行政职权时,有法定侵犯财产情形的,受害人有取得赔偿的权利。第15条第五项规定,行使侦查、检察、审判、监狱管理职权的机关及其工作人员在行使职权时违法使用武器、警械造成公民身体伤害或者死亡的,受害人有取得赔偿的权利。

受害的公民、法人和其他组织有权要求赔偿;受害的公民死亡,其继承人和其他有抚养关系的亲属有权要求赔偿;受害的法人或者其他组织终止,承受其权利的法人或者其他组织有权要求赔偿。赔偿请求人要求赔偿应当先向赔偿义务机关提出,也可以在申请行政复议和提起行政诉讼时一并提出。国家赔偿以支付赔偿金为主要方式。能够返还财产或者恢复原状的,予以返还财产或者恢复原状。

国家赔偿法第27条规定:“侵犯公民生命健康权的,赔偿金按照下列规定计算:(一)造成身体伤害的,应当支付医疗费,以及赔偿因误工减少的收入。减少的收入每日的赔偿金按照国家上年度职工日平均工资计算,最高额为国家上年度职工年平均工资的五倍;(二)造成部分或者全部丧失劳动能力的,应当支付医疗费,以及残疾赔偿金,残疾赔偿金根据丧失劳动能力的程度确定,部分丧失劳动能力的最高额为国家上年度职工年平均工资的十倍,全部丧失劳动能力的为国家上年度职工年平均工资的二十倍。造成全部丧失劳动能力的,对其扶养的无劳动能力的人,还应当支付生活费;(三)造成死亡的,应当支付死亡赔偿金、丧葬费,总额为国家上年度职工年平均工资的二十倍。对死者生前扶养的无劳动能力的人,还应当支付生活费。前款第(二)、(三)项规定的生活费的发放标准参照当地民政部门有关生活救济的规定办理。被扶养的人是未成年人的,生活费给付至十八周岁止;其他无劳动能力的人,生活费给付至死亡时止。”

国家赔偿法第28条规定:“侵犯公民、法人和其他组织的财产权造成损害的,按照下列规定处理:(一)处罚款、罚金、追缴、没收财产或者违反国家规定征收财物、摊派费用的,返还财产;(二)查封、扣押、冻结财产的,解除对财产的查封、扣押、冻结,造成财产损坏或者灭失的,依照本条第(三)、(四)项的规定赔偿;(三)应当返还的财产损坏的,能够恢复原状的恢复原状,不能恢复原状的,按照损害程度给付相应的赔偿金;(四)应当返还的财产灭失的,给付相应的赔偿金;(五)财产已经拍卖的,给付拍卖所得的价款;(六)吊销许可证和执照、责令停产停业的,赔偿停产停业期间必要的经常性费用开支;(七)对财产权造成其他损害的,按照直接损失给予赔偿。”

行政机关及其工作人员行使行政职权侵犯公民、法人和其他组织的合法权益造成损害的,该行政机关为赔偿义务机关。国家赔偿法第 13 条规定:“赔偿义务机关应当自收到申请之日起两个月内依照本法第四章的规定给予赔偿;逾期不予赔偿或者赔偿请求人对赔偿数额有异议的,赔偿请求人可以自期间届满之日起三个月内向人民法院提起诉讼。”第 14 条第 1 款规定:“赔偿义务机关赔偿损失后,应当责令有故意或者重大过失的工作人员或者受委托的组织或者个人承担部分或者全部赔偿费用。”

2. 损害补偿

依法配备公务用枪的人员在依照法律规定合法使用枪支的过程中,偶尔会出现造成无辜人员伤亡或者财产损失的情况,尽管这并不构成违法违纪,但本着人道主义原则,有关法律、法规仍然规定,对在该情形下遭受损失的公民由造成事件的单位参照国家赔偿法的有关规定给予补偿。

参考书目

1. 张兵主编. 警务技能[M]. 北京：中国人民公安大学出版社，2003

2. 公安部治安管理局编. 枪支管理使用教程[M]. 北京：中国人民公安大学出版社，2008

3. 尹伟，盛大力主编. 公安民警警械武器使用训练教程[M]. 北京：中国人民公安大学出版社，2011

4. 刘建武编著. 警务技能基础训练教程[M]. 厦门：厦门大学出版社，2015